Franz Michel

Die Umsetzung europäischer Energiepolitik

Eine Multiple-Stream-Analyse
am Fallbeispiel der Energieeffizienzrichtlinie

Franz Michel

DIE UMSETZUNG EUROPÄISCHER ENERGIEPOLITIK

Eine Multiple-Stream-Analyse am Fallbeispiel der Energieeffizienzrichtlinie

ibidem-Verlag
Stuttgart

Bibliografische Information der Deutschen Nationalbibliothek
Die Deutsche Nationalbibliothek verzeichnet diese Publikation in der Deutschen Nationalbibliografie; detaillierte bibliografische Daten sind im Internet über http://dnb.d-nb.de abrufbar.

Bibliographic information published by the Deutsche Nationalbibliothek
Die Deutsche Nationalbibliothek lists this publication in the Deutsche Nationalbibliografie; detailed bibliographic data are available in the Internet at http://dnb.d-nb.de.

Coverabbildung: mcruetten / Pixabay; scigola / openclipart.
                   Lizenz: CC0 / Public Domain
                   (s. https://creativecommons.org/publicdomain/zero/1.0/deed.de)

∞

Gedruckt auf alterungsbeständigem, säurefreien Papier
Printed on acid-free paper

ISBN-13: 978-3-8382-0774-2

© *ibidem*-Verlag
Stuttgart 2015

Alle Rechte vorbehalten

Printed in the EU

Zusammenfassung

Das Ziel der vorliegenden Arbeit ist es, das Policy-Ergebnis der Europäischen Energieeffizienzrichtlinie über den Verhandlungsoutput des Artikels zu erklären, der die verbindliche Einführung von Einsparsystemen betrifft. Diese Systeme waren das Kernstück der Richtlinie und ihre Implementierung auf europäischer Ebene hätte dazu geführt, das 20 % Primärenergiereduktionsziel der EU bis 2020 zu erfüllen. Da die letztlich verabschiedete Richtlinie dazu nur einen geringen Teil beitragen kann, sollen die Ursachen für die Verwässerung der Richtlinie anhand folgender Fragestellungen analysiert werden: a) Warum kamen Einsparverpflichtungssysteme auf die politische Agenda und weshalb löste dies eine politische Kontroverse aus? und b) wie schlugen sich diese Diskrepanzen im europäischen Entscheidungsprozess nieder? und c) sind die Gründe für die Verwässerung der Energieeffizienzrichtlinie damit zu verbinden?

Für die Beantwortung der Fragestellung werden zwei Thesen formuliert, die sich an den theoretischen Ausführungen zum europäischen Mehrebenensystem sowie Kingdons Multiple-Streams und Sabatier's Advocacy-Coalition-Ansatz orientieren. Im Fazit werden die anhand von Checklisten überprüften Thesen diskutiert und die empirische Ergebnisse durch den rahmengebenden Forschungsansatz von Kingdon geordnet und interpretiert.

Inhaltsverzeichnis

Abkürzungsverzeichnis

Arbeitsgruppe des Ausschusses der Ständigen Vertreter	AStV
Bundesverband der Energie- und Wasserwirtschaft e.V.	BDEW
Bundesverband der Deutschen Industrie e.V.	BDI
Comité des représentants permanents	COREPER
Directorate-General for Energy	DG ENER
Europäisches Parlament	EP
Europäische Energieeffizienzrichtlinie	EER
Europäisches Emissionshandelssystem	ETS
Energiedienstleister	EDL
Ausschuss für Industrie, Forschung und Energie	ITRE
Joint Research Center	JRC
Europäische Kommission	KOM
Kilowattstunde	kWh
Kraft-Wärme-Kopplung	KWK
Multi-Level Governance	MLG
Terawattstunde	ThW
Tonne(n) Rohöleinheiten[1]	t RÖE
Rat der Europäischen Union	Rat
Verband kommunaler Unternehmen	VKU

---

[1] vgl. Glossar

1. Einleitung

1.1.   Relevanz des Themas und Fragestellung

In der Öffentlichkeit und in den Medien ist eine zunehmende Diskussion über steigende Energiepreise und höhere Lebenshaltungskosten festzustellen. Der Verbraucher wird nicht erst seit diesem langen und kalten Winter einen signifikanten Anstieg seiner Heiz- und Stromkostenabrechnung registriert haben. Die Ausgestaltung der Energiepolitik hat in den letzten Jahren zunehmend an Bedeutung gewonnen und wird durch die Entscheidungsträger im politischen System daher stärker wahrgenommen und adressiert. Durch Energieeffizienz lassen sich dabei nicht nur die Ausgaben des einzelnen Bürgers auf seiner Nebenkostenabrechnung reduzieren, sondern dadurch kann auch auf innovative und kosteneffiziente Weise den zentralen Herausforderungen des Politikfeldes Energie begegnet werden. Dazu gehören neben einer durch Knappheit verursachten Preissteigerung fossiler Energieträger und der gestiegenen Nachfrage in den ehemaligen Schwellen- und Entwicklungsländern, auch die hohe Importabhängigkeit der westlichen Industriestaaten sowie die Folgen des Klimawandels. Demgegenüber ermöglicht die Erschließung der vorhandenen Einsparpotentiale nicht nur eine Reduzierung des Energieverbrauchs, sondern dies führt auch zur Stimulierung von Dienstleistungsmärkten und Schaffung von Arbeitsplätzen, die wiederum die Wettbewerbsfähigkeit einer Volkswirtschaft erhöhen. Außerdem sinkt die Abhängigkeit von fossilen Energieträgern und der Ausstoß von schädlichen Treibhausgasen wird limitiert. Das Ignorieren solcher Potentiale, die die EU bald jährlich 100 Mrd. Euro kosten werden, ist gerade vor dem Hintergrund der Finanz- und Schuldenkrise nicht mehr hinnehmbar (vgl. SEC (2011) 277: 7).

Daher ist Energieeffizienz ein Schlüsselelement der europäischen Energiepolitik, welches Ausdruck im Klima- und Energiepaket von 2008 findet, worin eine Reduzierung des Primärenergieverbrauchs um 20 % bis 2020 beschlossen wurde[1]. Da die bisherigen Initiativen und Maßnahmen der EU nicht ausreichen, um dieses Ziel zu erreichen und die vorhandenen Marktbarrieren zu umgehen, hat die Europäische Kommission (KOM) 2011 die Einführung einer Energieeffizienzrichtlinie (EER)

---

[1] Das 2007 unter deutscher Ratspräsidentschaft entstandene Paket fand international viel Beachtung und verdeutlichte die Vorreiterrolle der EU in der internationalen Klimapolitik (vgl. Dröge 2009: 31).

vorgeschlagen. Nach einem Jahr Verhandlungen haben sich im Juni 2012 die Entscheidungsträger im politischen System der EU auf einen Kompromiss zur Richtlinie geeinigt, der das zentrale Einsparziel deutlich verfehlt[2].

In der vorliegenden Arbeit sollen daher die Ursachen analysiert werden, warum auf europäischer Ebene vor dem Hintergrund der genannten Problemstellung keine stärkere Richtlinie zustande kam. Der Forschungsrahmen der Arbeit wird auf den Artikel der Richtlinie eingegrenzt, der die Mehrheit des von der Kommission vorgeschlagenen Einsparvolumens gewährleisten sollte: Artikel 7, dem Kernstück des Kommissionsvorschlags zur Richtlinie. Darin sollten die Mitgliedstaaten die Energielieferanten oder -verteiler zu Einsparungen von jährlich 1,5 % im Vergleich zum Energieabsatzvolumen des Vorjahres verpflichten. Dadurch würde die EU bis 2020 fast die Hälfte der Einsparlücke von insgesamt 202 Mio. t RÖE schließen. Die Ausgestaltung des Artikels 7 war Gegenstand heftiger Debatten und Verhandlungen zwischen den beteiligten Akteuren und wurde am Ende von den Mitgliedstaaten so stark abgeschwächt, dass nur noch ein Bruchteil des von der KOM angestrebten und für die Schließung der Einsparlücke benötigten Effizienzpotentials übriggeblieben ist. Damit steht der Artikel exemplarisch für den Output der Verhandlungen und bietet sich dafür an, die Akteursinteressen anhand der Positionen gegenüber solchen Systemen nachzuzeichnen und zu interpretieren. Aus diesem Erkenntnisinteresse ergeben sich folgende Fragestellungen, die in der Arbeit durch die Überprüfung von Thesen beantwortet werden sollen:

a) Warum kamen Einsparverpflichtungssysteme auf die politische Agenda und weshalb lösten diese eine politische Kontroverse aus? und b) wie schlugen sich solche Diskrepanzen im europäischen Entscheidungsprozess nieder? und c) sind die Gründe für die Verwässerung der Energieeffizienzrichtlinie damit zu verbinden?

---

[2] Bisher wurden EU-weit neun Prozent Energie eingespart. Die EU würde ihr eigenes Ziel ohne zusätzliche Effizienzmaßnahmen nicht mehr fristgerecht erreichen. Der in den Verhandlungen erreichte Kompromiss führt zu Einsparungen von 15 % bis 2020 und verfehlt damit seine Intention (vgl. Kapitel 6.1.).

1.2. Forschungsstand, Methoden und Aufbau der Arbeit

Seit über 50 Jahren gibt es mittlerweile Erfahrungen mit Einsparsystemen zur Erschließung von Effizienzpotentialen. Diese praxisnahen Umweltinstrumente haben daher auch einen entsprechenden Niederschlag in der europäischen aber vor allem angelsächsischen Forschungsliteratur erfahren. Herauszustellen sind hierbei die Studien von Eoin Lees für das Regulatory Assistance Project[3] – einer regierungsberatenden NGO im Bereich der Energiepolitik – die ausführlich und nachvollziehbar die Funktionsweise der bestehenden Systeme evaluiert haben (vgl. Staniaszek/ Lees 2012 und RAP 2012). Auch in Deutschland gibt mittlerweile zahlreiche Studien zu solchen Systemen und dem damit einhergehenden Handelsmechanismus der „Weißen Zertifikate", wobei hier vor allem Veit Bürger vom Öko-Institut hervorzuheben ist (vgl. Bürger 2007 und 2008). Durch die Analyse dieser Sekundärquellen soll nachvollzogen werden, wie das Instrument den europäischen Zielkorridor für Energiepolitik adressiert. Dieser wurde durch die qualitative Auswertung zahlreicher Primärquellen der EU – Aktionspläne, Richtlinien, Mitteilungen, Grünbücher – eingehend untersucht und in einen Zusammenhang mit der Wirkungsweise eines Einsparsystems gebracht. Für die Analyse des Agenda-Settings haben neben weiteren Dokumenten des Joint Research Centers und der Generaldirektion Energie (DG ENER) auch Interviews dazu beigetragen, ein detailliertes Forschungsbild zu ermöglichen. Im Rahmen der Arbeit wurden mit Hilfe von strukturierten Fragebögen insgesamt sieben Interviews mit Stakeholdern aus Wirtschaft, Wissenschaft und Politik geführt, die direkt oder begleitend am Prozess des Agenda-Settings der EER teilgenommen haben (vgl. Anhang 3). Nach der Aufzeichnung der Gespräche und der anschließenden Transkription, konnten die Daten qualitativ ausgewertet werden und haben entsprechend Einklang in diese Arbeit gefunden. Dieses Material diente auch zur weiteren Analyse des Verhandlungs- und Entscheidungsprozesses, der aufgrund seiner Aktualität vor allem dank zahlreicher Internetquellen, wie z.B. den Portalen von „EurActiv" oder „The Coalition for Energy Savings", nachvollzogen werden konnte.

---

[3] Das internationale Expertenteam des „Regulatory Assistance Project" kurz RAP berät weltweit Regierungen in Energiefragen. Zum RAP-Team gehört u.a. Eoin Lees, der als Experte für Einsparverpflichtungssysteme gilt und in dieser Funktion verschiedene europäische Staaten bei der Implementierung solcher Systeme unterstützt hat Im Zuge dieser Arbeit wurde mit Eoin Lees ein Interview durchgeführt.

Daran schließt sich die Überlegung an, wie die empirischen Beobachtungen und Aussagen dieser Arbeit zueinander in Beziehung gesetzt werden können. Für die Reflexion und die entsprechende Einordnung der erlangten Ergebnisse sind politikwissenschaftliche Theorien zuständig[4]. Neben der Auswertung der genannten Primär-und Sekundärquellen sowie der qualitativen Analyse von Interviews greift die Arbeit auch auf rahmengebende Theorieansätze zurück, mit deren Auswahl das Zustandekommen der Richtlinie aus einer theoretischen Perspektive heraus erklärt werden soll. Die methodische Vorgehensweise ist daher sowohl deduktiv als auch induktiv geprägt. Im vorliegenden Fall handelt es sich um eine qualitative Einzelfallstudie, deren Untersuchungsgegenstand – die EER – mit Hilfe der Theorieauswahl besser verstanden werden soll und nicht zur Falsifikation bzw. Verifikation der jeweiligen Erklärungsansätze dient.

Um die politische Realität weitestgehend realistisch abzubilden und die Fragestellung möglichst nah an der Wirklichkeit zu beantworten, berücksichtigt die Arbeit zunächst die Funktionsweise des europäischen Mehrebenensystems mit Hilfe des Multi-Level-Governance-Ansatzes (vgl. Kap. 2). Daran anschließend werden zwei theoretische Rahmenmodelle vorgestellt, mit denen die empirischen Ergebnisse geordnet und zueinander in Beziehung gesetzt werden. Auf Grundlage dieser forschungsleitenden Ausführungen werden zwei Thesen formuliert, die sich zum einen auf den Erfolg eines politischen Unternehmers im Prozess des Agenda-Settings und zum anderen auf die Rolle von Interessenkoalition während der Verhandlungen beziehen. Im dritten Kapitel wird das Instrument der Einsparverpflichtung anhand seiner Wirkungsweise sowie der möglichen Architektur analysiert und die Argumente vorgestellt, die für oder gegen eine Einführung sprechen. Der darauffolgende Abschnitt behandelt den europäischen Zielkorridor für Energieeffizienzpolitik und ordnet den Prozess des Agenda-Settings bzw. der Politikformulierung darin ein. Dabei werden die relevanten Akteure vorgestellt und deren Verknüpfungen hervorgehoben. Für eine bessere Strukturierung des Entscheidungsprozesses wurden in Kapitel fünf die verschiedenen Stakeholder in Interessenkoalitionen unterteilt und ihnen ein Werte- bzw. Handlungsset zugewiesen. Dadurch konnten Aussagen über das Verhalten in den Verhandlungen abgeleitet und die gegensätzlichen Positionen

---

[4] Klaus Schubert und Nils Bandelow unterscheiden anhand des Abstraktionsgrades – also der Verallgemeinerbarkeit der getroffenen Aussagen – nach Konzepten, Modellen, analytischen Rahmen und Theorien (Schubert/ Bandelow 2003: 7-12; Blum/ Schubert 2011: 36).

herausgestellt werden. Im Fazit wird die Fragestellung über die Analyse der für die Hypothesen erstellten Checklisten beantwortet und die einzelnen Kapitel mit Hilfe des rahmengebenden Forschungsansatzes von Kingdon verbunden.

2. Theoretische Einordnung im Mehrebenensystem und Thesenbildung

2.1. Multi-Level-Governance und die institutionelle Balance der EU

Die gängigen Theorieperspektiven zur EU dienen eher dazu, Regierungen oder supranationalen Akteuren unterschiedliche Bedeutungen für den europäischen Integrationsprozess zuzuweisen[5]. Der Mehrebenen-Ansatz[6] bzw. Multi-Level-Governance Ansatz (MLG) bietet eine Alternative dazu, indem nach dem Zusammenwirken der staatlichen und nicht-staatlichen Akteure auf und zwischen den verschiedenen Ebenen gefragt wird[7].

Entscheidend ist damit die Voraussetzung von Mehrebenensystemen[8], die im modernen Staat durch die Gebietsgliederung natürlich gegeben ist. Das bedeutet, dass die europäischen Territorialstaaten ein transnationales bzw. europäisches Mehrebenensystem mit der EU bilden. Dies hat zur Folge, dass die Interaktionen zwischen den Nationalstaaten und der EU in verbundenen Arenen stattfinden, die durch institutionelle Regeln definiert sind (Benz 2010: 112).

Die Governance-Perspektive rückt „die EU als regulatives System" in den Mittelpunkt der Betrachtungen und fragt nach den Regeln und Verfahren, die zur Lösung

---

[5] Traditionell beschäftigen sich theoretische Ansätze zur EU mit (europäischer) Integration und gehören somit zur liberalen Schule der internationalen Politik. Dabei stehen sich zwei Strömungen gegenüber, die den jeweiligen Akteuren unterschiedliche Kompetenzen zusprechen: der Neofunktionalismus bzw. Supranationalismus und der Intergouvernementalismus. Während der erste Ansatz die Rolle supranationaler Organisationen (KOM) hervorhebt, behauptet der intergouvernementale Ansatz das genaue Gegenteil und betont die Stellung der Mitgliedstaaten.

[6] Markus Jachtenfuchs und Beate Kohler-Koch haben mit ihrem Ansatz „Regieren im Mehrebenensystem" die Forschung zu politischen Mehrebenensystemen entscheidend geprägt. Die wissenschaftlichen Vertiefungen zu Governance in Mehrebenensystemen im speziellen EU-Kontext haben ihre Substanz vor allem Autoren wie Gary Marks oder Edgar Grande zu verdanken (Jachtenfuchs/Kohler-Koch 1996; Grande 1996; Marks 1993). Im weiteren Verlauf der Forschung wurden die Begriffe teilweise gleichgesetzt (z.B. Grande 2000). Der vorliegende Abschnitt knüpft an diese Vereinheitlichung an.

[7] Benz unterscheidet dabei zwischen Prozessen die innerhalb (intragouvernemental) und zwischen (intergouvernemental) den Ebenen stattfinden (Benz 2010: 112).

[8] Diese „entstehen durch Aufteilung von Macht und Kompetenzen auf territorial abgrenzte Organisationen" (Benz 2010: 111) und zeichnen sich dadurch aus, „dass in einem institutionell differenzierten politischen System Akteure unterschiedlicher Ebenen aufeinander angewiesen sind und ihre Entscheidungen koordinieren müssen" (Benz 2007: 297).

von Problemen notwendig sind (Majone zitiert nach Jachtenfuchs/ Kohler-Koch 2010: 70).

In diesem Abschnitt soll zunächst auf das politische System der EU und auf dessen relevante Organe eingegangen werden. Anschließend sollen die Merkmale von MLG am konkreten Beispiel des formalen Entscheidungsprozesses zur EER vorgestellt und diskutiert werden. Dabei ist zunächst auf die „institutionelle Balance"[9] der EU-Ebene hinzuweisen, bestehend aus Parlament (EP), Rat und KOM (Jachtenfuchs/ Kohler-Koch 2010: 70). Dadurch werden die Kompetenzen und Aufgaben innerhalb des politischen Systems verteilt und die darin ablaufenden politischen Prozesse und Gestaltungsmechanismen entsprechend beeinflusst[10]. Jachtenfuchs und Kohler-Koch weisen darauf hin, dass im europäischen Gesetzgebungsprozess „eher eine Gemengelage unterschiedlicher Konfliktdimensionen [entsteht] als eine einheitliche Konfliktlinie quer durch die EU" (Ebd.: 75).

Die KOM ist verantwortlich für die Umsetzung der vom Europäischen Rat aufgestellten gesamtpolitischen Leitlinien und Strategien in konkrete politische Maßnahmen. Die Institution überprüft die Einhaltung der Gemeinschaftsverträge und ist mit der Implementierung der erlassenen Gesetze beauftragt. Dafür verfügt die KOM über ein umfangreiches Initiativmonopol, welches dem Organ die Formulierung sämtlicher Gesetzesvorschläge zugesteht (vgl. Fischer 2011: 52). Die KOM besitzt in ihrer Funktion als „Motor der europäischen Politik" (Jachtenfuchs/Kohler-Koch 2010: 74) eine langfristig gewachsene Beziehung zu den Experten und Stakeholdern der jeweiligen Politikbereiche. Diese ist durch den bürokratischen „Beamtenapparat" innerhalb der KOM gewissermaßen institutionell abgesichert. Für die politische Alltagsarbeit sind die verschiedenen Generaldirektionen

---

[9] Neben den genannten Institutionen existieren auf EU-Ebene als prägende Organe noch der Europäische Gerichtshof, die Europäische Zentralbank und der Europäische Rechnungshof. Des Weiteren ist das institutionalisierte Treffen der 27 europäischen Staats- und Regierungschefs im Europäischen Rat hervorzuheben, welches mit dem Vertrag von Lissabon primärrechtlich verankert wurde (vgl. Fischer 2011: 51).

[10] „Während der Rat in erster Linie territoriale Interessen vertritt und die Kommission der wichtigste Ansprechpartner für sektorale Interessen ist, vertritt das Europäische Parlament weltanschauliche Interessen" (Jachtenfuchs/Kohler-Koch 2010: 75).

mit ihren jeweiligen Direktoren verantwortlich[11]. Dort werden die Gesetzestexte und Berichte verfasst sowie die Umsetzung in den Mitgliedstaaten überprüft. An der Spitze der Behörde steht der Kommissionspräsident zusammen mit den 26 Kommissaren. Letztere werden von den Mitgliedstaaten vorgeschlagen und bestimmten Ressorts zugeteilt. In der Literatur finden sich verstärkt Anzeichen dafür, dass die KOM gegenüber anderen Institutionen im europäischen Mehrebenensystem einen „Innovationsvorsprung" besitzt (vgl. z.B.: Wallace 2003: 264). Wallace erklärt diesen Umstand damit, dass sich im Umfeld der KOM „Wissensgemeinschaften" entwickelt haben, die neue bzw. fortschrittliche Ideen in die Politik übertragen und somit schneller auf politische Probleme reagiert werden kann (vgl. ebd.). Demnach tritt das europäische Gemeinschaftsorgan zwar als Agenda-Setter im Gesetzgebungsprozess auf, verliert aber im weiteren Entscheidungsprozess zunehmend an Einfluss und ist auf die Zustimmung der anderen relevanten EU-Organe angewiesen. Im Vergleich dazu agieren z.B. die Mitgliedstaaten eher langsamer auf sich verändernde Sachverhalte, aufgrund ihrer teils „konservativen und traditionsverpflichteten Entscheidungsprozesse" (van Schendelen zitiert nach Wallace 2003: 264). Diese Annahme trifft insbesondere auf umwelt- und klimapolitische Maßnahmen zu, wo die KOM „im Verhältnis zu den Mitgliedstaaten eine Vorreiterrolle" einnimmt (Ebd.)[12]. Kritiker werfen dagegen den innovativen Vorschlägen aus Brüssel oft einen Mangel an realistischer Umsetzbarkeit vor, welche die nationalstaatlichen Gegebenheiten nicht genügend berücksichtigen würden.

Der Rat bzw. Ministerrat ist trotz seiner Funktion als Gemeinschaftsorgan das wichtigste Einflussinstrument der Mitgliedstaaten in der europäischen Politik. Er setzt sich aus den zuständigen Fachministern der Mitgliedstaaten zusammen. Davon abzugrenzen ist der Europäische Rat als Organ der Staats- und Regierungschefs, der eher für die gesamtpolitische Ausrichtung der Union als den alltäglichen Politikprozess zuständig ist. Zur Struktur des Ministerrates gehören die halbjährig wechselnden Ratspräsidentschaften zwischen den Mitgliedstaaten, die Einfluss auf Themensetzung und Verhandlungen im Rat haben (vgl. Fischer 2011: 62). In diesem Kontext sind auch sogenannte Trio-Präsidentschaften von Bedeutung, wobei

---

[11] Während der Verhandlungen zur EER war der Direktor der DG ENER der Brite Philip Lowe. Die Direktion arbeitet dem politischen EU-Kommissar für Energie – zu diesem Zeitpunkt Günther Oettinger - zu (Fischer 2011: 53).

[12] Für eine ausführlichere Betrachtung der Vorreiterrolle der KOM im Bereich der Umweltpolitik vgl. z.B. Hooghe/Marks 2001.

drei aufeinanderfolgende Ratspräsidentschaften für die Erstellung und Bearbeitung eines gemeinsamen Programms zuständig sind.

Innerhalb dieser intergouvernementalen Organisation verlaufen zwei Konfliktdimensionen, zum einen bei der Meinungsbildung zwischen den Mitgliedstaaten und zum anderen als Gegenpol zur KOM. Letztere ist Ausdruck der „territorialen Dimension europäischer Politik" (Sbragia zitiert nach Wallace 2003: 268) und betont die nationalstaatlichen Interessen bei der Umsetzung europäischer Gesetzesvorhaben. Für die Entscheidungsfindung im Rat ist keine absolute Einstimmigkeit notwendig, da im Regelfall nach dem Prinzip der qualifizierten Mehrheit abgestimmt wird (vgl. AEUV Artikel 238). So kann die KOM auch gegen den Widerstand einzelner Mitgliedstaaten Gesetzesvorhaben durchbringen, allerdings wird dies bei einem gemeinsamen Veto größerer EU-Staaten unmöglich. Trotzdem schwächt dieses Verfahren den Einfluss der Mitgliedstaaten und erzeugt durch das Prinzip der Mehrheitsentscheidung politische „Gewinner" und „Verlierer" (Knodt/ Hüttmann 2006: 229). Die angesprochene Polarität zwischen KOM und Rat ist ein wichtiges Charakteristikum des europäischen Politikprozesses. Diese äußert sich zum einen in einem ausgeprägten Konkurrenzverhältnis zwischen den beiden supranationalen Organen sowie vor allem in politikfeldspezifischen Streitfragen, bspw. bei der Ausgestaltung von Richtlinien und Gesetzen. Helen Wallace bezieht sich darauf, wenn Sie feststellt: „Manchmal wird der Entscheidungsprozess durch den Konflikt zwischen beiden Institutionen gelähmt, manchmal entsteht dagegen eine kreative Synergie" (Wallace 2003: 276).

Das EP hat in den letzten Jahren zunehmend an Einfluss und Macht im europäischen Entscheidungsprozess gewonnen. Ein Ausdruck dieser Entwicklung sind die erweiterten Befugnisse des EP, die im Vertrag von Lissabon festgeschrieben wurden. Die Beschlussfassung hängt weniger von festen Regierungsmehrheiten oder Koalitionen ab. Vielmehr orientieren sich die Abgeordneten an ihren Fraktionen, ihren persönlichen Ansichten oder den Erfahrungen in ihren jeweiligen Nationalstaaten (vgl. Fischer 2011: 57). So entstehen Mehrheiten im Parlament meist nur über den Zusammenschluss verschiedener Faktionen. Severin Fischer betont daher die „konsensorientierte Arbeitsweise des Parlaments" (Ebd.). In den Ausschüssen bilden die jeweiligen Fachpolitiker der Fraktionen eine gemeinsame Position zu einem politischen Problem[13]. Während sich in den Plenarsitzungen des Parlaments formal auf eine gemeinsame Position geeinigt wird, haben in den Ausschüssen und Fraktionen die Meinungsbildungsprozesse bereits stattgefunden. Hier findet sich auch ein Grund für das eher geringe parteibezogene Abstimmungsverhalten der Abgeordneten, da in den Fachausschüssen oft politikfeldspezifische Faktoren den Ausschlag für die Mehrheitsbildung geben. Den entsprechenden Ausschüssen wird im Rahmen eines Gesetzgebungsverfahrens ein Berichterstatter zugeordnet. Dieser begleitet den gesamten Prozess und übt wesentlichen Einfluss auf die Position des EPs aus[14]. Des Weiteren ist der Berichterstatter für das Trilog-Verfahren verantwortlich - den informellen Verhandlungen zwischen Rat, KOM und EP - die im folgenden Kapitelpunkt näher erläutert werden. Wie die KOM verfügt auch das EP über eigene Beamte, die wichtige Vorarbeiten in den Ausschusssekretariaten leisten. Zusammenfassend kann festgehalten werden, dass die Position des EPs zu bestimmten politischen Sachverhalten entscheidend vom bearbeitenden Ausschuss und dem Berichterstatter abhängt (vgl. ebd.: 59).

Wie zu Beginn des Kapitels erwähnt, berücksichtigt der MLG-Ansatz neben den klassischen EU-Organen auch andere Akteure, die am Entscheidungsprozess beteiligt sind. Einzelne Mitgliedstaaten und ihre Regierungen beeinflussen diesen Prozess genauso wie Vertreter aus Industrie, Umweltverbänden oder anderen Interessenvertretungen. Eine zusammenfassende Analyse der verschiedenen Akteursinteressen im Fall der EER wird in Kapitel 5 vollzogen.

---

[13] Der meist federführende Ausschuss für das Politikfeld Energie ist der Ausschuss für Industrie, Forschung und Energie (ITRE). Bei eher umwelt- und klimapolitischen Maßnahmen ist der Ausschuss für Umweltfragen, Lebensmittelsicherheit und Volksgesundheit (ENVI) zuständig. Welcher Ausschuss mit einem Gesetzgebungsverfahren beauftragt wird, entscheidet die Konferenz der Ausschussvorsitzenden (vgl. Fischer 2011: 59).

[14] Im Prinzip ist bei einem konkreten Gesetzgebungsverfahren der Berichterstatter für eine erfolgreiche Mehrheitsbildung im EP verantwortlich. So werden beispielsweise die Textfassungen für den federführenden Ausschuss vom Berichterstatter erstellt. Darin fließen auch die Empfehlungen und Sachkenntnisse des Berichterstatters ein (vgl. ebd.: 58).

2.2. Policy-Making in der EU im Bereich Energiepolitik

Der Bereich der europäischen Energiepolitik ist durch eine lange Tradition und eine zunehmende Tendenz der Integration gekennzeichnet[15]. Dennoch bildet sich eine gemeinsame europäische Energiepolitik gerade erst heraus. Der entscheidende Schritt dafür wurde mit dem Vertrag von Lissabon erreicht, indem erstmals der Europäischen Gemeinschaft eine energiepolitische Spezialkompetenz zugestanden wurde. Trotzdem teilt sich die Union mit den Mitgliedstaaten die Zuständigkeit für dieses Politikfeld[16]. Und hier wird auch eine besondere Eigenschaft des europäischen Mehrebenensystems deutlich: die Politikverflechtung[17]. So finden nicht nur bei den Problemlösungsprozessen zwischen den europäischen Institutionen intensive Kompetenzüberschneidungen statt, sondern auch bei den Verflechtungen von Mitgliedstaaten und EU-Ebene (Schuhmann 2005: 152). Ein hierarchisch geordneter Entscheidungsprozess ist somit weder Bestandteil von MLG noch von europäischer Energiepolitik. Vielmehr wird die EU von Politiknetzwerken charakterisiert, in denen private und nationale sowie europäische Akteure agieren und verhandeln, die bei der Entscheidungsfindung gegenseitig voneinander abhängig sind (ebd.:

---

[15] Energiepolitik gehörte von Beginn an zu den wesentlichen Bestandteilen des europäischen Einigungsprozesses. Die Idee einer Energiegemeinschaft war die Grundlage des 1951 unterzeichneten Vertrages über die Gründung der Europäischen Gemeinschaft für Kohle und Stahl (EGKS). Weitere Schritte folgten 1957 mit der Ratifizierung der Römischen Verträge zur Europäischen Wirtschaftgemeinschaft (EWG) und Europäischen Atomgemeinschaft (EAG bzw. Euratom). Ein Meilenstein für die europäische Energiepolitik war auch die Gründung der Internationalen Energieagentur (IEA), die die Bestrebungen einer gemeinsamen europäischen Energiestrategie zum Ausdruck brachte. Mit der Einführung eines Energieausschusses zur Beratung von KOM und Rat wurde die zunehmende Bedeutung des Politikfeldes unterstrichen. Neben Versorgungssicherheit und Wirtschaftlichkeit folgten später auch Umweltschutz sowie die Verwirklichung des Binnenmarktes (Einheitliche Europäische Akte 1987) als Elemente einer europäischen Energiepolitik. Die zunehmende energiepolitische Kompetenzerweiterung der Gemeinschaft führte letztlich zur Verankerung eines speziellen energiepolitischen Kapitels im EU-Vertrag. Während dieses Vorhaben noch 1992 beim EU-Gründungsvertrag von Maastricht und später beim Projekt einer europäischen Verfassung scheiterte, wurden einzelne Teilbereiche 1999 mit Vertrag von Amsterdam übernommen und schließlich 2009 durch den Reformvertrag von Lissabon primärrechtlich ratifiziert (vgl. Geden/ Fischer 2008: 23-30).

[16] Hier kommt das Subsidiaritätsprinzip zum Tragen, welches die Zuständigkeiten zwischen Union und Mitgliedstaaten aufteilt (vgl. EUV-Vertrag Artikel 5, Abs. 3).

[17] MLG und Verflechtung hängen untrennbar zusammen, denn „Mehrebenensysteme der Politik entstehen, wenn zwar die Zuständigkeiten nach Ebenen aufgeteilt, jedoch die Aufgaben interdependent sind, wenn also Entscheidungen zwischen Ebenen koordiniert werden" (Benz 2010: 112).

153). Hier grenzt sich der Ansatz zum einen von den klassischen Integrationstheorien zur EU ab, indem die Bedeutung verschiedener Akteursgruppen für die politische Willensbildung hervorgehoben wird. Und zum anderen von der pessimistischen Annahme, dass der europäische Willensbildungsprozess zwangsläufig in der „Politikverflechtungsfalle"[18] stagnieren würde. Den Akteuren wird jedoch vielmehr ermöglicht, durch „die nicht-hierarchische und flexible Anordnung der Entscheidungsarenen (...) ihr eigenes Handlungsrepertoire durch zusätzliche strategische Optionen zu erweitern"[19] (Ebd.: 4). Dadurch wird ersichtlich, dass die EU als Mehrebenensystem am ehesten einem Verhandlungssystem ähnelt (vgl. Benz 2003: 319). Und hier wird der Vorteil des Ansatzes deutlich, der durch ein „funktionales Verständnis" von Politik versucht, die „reale Komplexität europäischer Politikprozesse angemessen (zu) begreifen" (Grande 2000: 14).

Das beschriebene Entscheidungssystem beruht auf den zugesicherten Hoheitsrechten der „1. Säule"[20] der Union, die nach Artikel 288 des Vertrags über die Arbeitsweise der EU (AEUV) durch Richtlinien, Verordnungen oder Entscheidungen zur Geltung gebracht werden können. Im konkreten Fall der Energiepolitik ist der Reformvertrag von Lissabon hervorzuheben, welcher durch Artikel 194 AEUV den genannten Politikbereich im Primärrecht der EU verankert. In Absatz 1 ist dabei festgelegt, dass die EU in Bezug auf Energieeffizienz und Energieeinsparungen tätig werden darf, da dieses Politikfeld für die Erfüllung der EU-Ziele - in so unterschiedlichen Bereichen wie Klimawandel, Energieversorgungssicherheit, Wettbewerbsfähigkeit und Umweltschutz – elementare Bedeutung hat (SEK (2011) 280: 3). Das bedeutet aber keineswegs, dass der Einfluss der Mitgliedstaaten dadurch geschmälert wird. Aufgrund der Tatsache, „dass mit der Energiepolitik ein beson-

---

[18] Fritz Scharpf zeigte in verschiedenen Studien zum föderalen System der Bundesrepublik Deutschland sowie der EU, das Politikverflechtung eine Ursache für institutionellen Reformstau und mangelnde Problemlösungsfähigkeit sei kann (z.B.: Scharpf 1985). Scharpf leistete damit eine wichtige Vorarbeit zu den späteren Ansätzen von Marks oder Jachtenfuchs bzw. Kohler-Koch.

[19] Dazu gehört beispielsweise die Bildung von Interessengemeinschaften in sogenannten „advocacy coalitions".

[20] Die politische Konstruktion der EU beruht auf drei Säulen: Während die 1. Säule der Union auf dem Vertrag der Europäischen Gemeinschaft und seinen Erweiterungen beruht (z.B.: Vertrag von Lissabon, Wirtschaft- und Währungsunion), bezieht sich die 2. Säule auf die Gemeinsame Außen- und Sicherheitspolitik (GSAP) und wird von der 3. Säule, der Zusammenarbeit in den Politikfeldern Justiz und Inneres, ergänzt (Schuhmann 2005: 152).

ders sensitiver Bereich mitgliedstaatlicher Politik angesprochen ist" (Schulenberg 2009: 401), können die Einzelstaaten weiterhin über die Förderung und Nutzung der Energieressourcen, die Auswahl der Energiequellen und die Struktur der Energieversorgung entscheiden (vgl. AEUV Art. 194 II Abs. 2)[21]. Damit wird zum einen der Reichweite des Politikfeldes Energie und zum anderen der starken energiepolitischen Heterogenität zwischen den Mitgliedstaaten entsprechend Rechnung getragen[22]. Diese Regelung betrifft allerdings nur die Ziele des genannten Artikels und hat keine Auswirkungen auf andere Maßnahmen, die Einfluss auf den Energiesektor der Mitgliedstaaten haben, wie z.B. klima- und umweltpolitische Entscheidungen.

Zur Wahrnehmung der energiepolitischen Spezialkompetenz der EU im Bereich der Energieeffizienz können entsprechende Maßnahmen veranlasst werden (AEUV 194 I und II). Dem Gesetzgebungsprozess zufolge werden die für die Umsetzung der Ziele benötigten Richtlinien oder Verordnungen vom EP und Rat nach Anhörung des Wirtschafts- und Sozialausschusses und des Ausschusses der Regionen erlassen. Dabei bezieht sich der Beschluss auf das Vorschlagsmonopol der KOM, welches durch das Prinzip der Gemeinschaftmethode geregelt ist[23]. Das institutionelle Gefüge der EU ist durch ein Spannungsverhältnis geprägt, welches zum einen durch die Autonomie und Selbstbestimmung der Mitgliedstaaten und zum anderen durch gemeinschaftliches Handeln im Politikprozess geprägt ist. Dies findet Ausdruck in den gegenseitig von einander abhängigen Institutionen, besonders sichtbar bei der Gegenüberstellung der Funktionen von Rat und KOM. Jachtenfuchs und Kohler-Koch stellen in diesem Kontext heraus, dass „das Beschlussfassungsverfahren nach der „Gemeinschaftsmethode" beide Akteure zur

---

[21] In diesem Kontext merkt Schulenberg an, dass dieser Artikel den Mitgliedstaaten einen „Souveränitätsvorbehalt" zusichert (Schulenberg 2009: 401).

[22] Das Politikfeld Energie besitzt zahlreiche Überschneidungen mit anderen Bereichen, wie z.B. Umweltschutz, Verkehr oder Außenpolitik. Daneben unterscheidet sich die Nutzung von Primärenergieträgern zwischen den Mitgliedstaaten teilweise erheblich, z.B. steigt Deutschland im Rahmen der Energiewende aus der Kernkraft aus, während in Frankreich der meiste Strom aus Atomenergie erzeugt wird. Zusätzlich unterscheiden sich die jeweiligen nationalen Regelungsstrukturen im Energiesektor sowie die Importabhängigkeiten der Länder (vgl. Schmidt 1998: 184f.).

[23] Das für die „1. Säule" der EU typische Entscheidungsverfahren der Gemeinschaftsmethode beinhaltet, „dass der Rat (in der Zusammensetzung der Fachminister für den jeweils anstehenden Politikbereich) auf Vorschlag der Kommission nach Anhörung des EP mit Mehrheit entscheidet" (Jachtenfuchs/Kohler-Koch 2010: 76).

Zusammenarbeit zwingt [...] und die Kommission als Sachverwalterin der Verträge und damit Vertreterin des europäischen „Gemeinschaftsinteresses" in die Rolle eines Motors europäischer Politik" bringt (Jachtenfuchs/Kohler-Koch 2010: 74). Wenn also wie im vorliegenden Regelfall die KOM das Initiativrecht besitzt, fungieren EP und Rat als Beschlussfassungsorgane und es entsteht praktisch ein Zweikammersystem (vgl. ebd.: 73).

Als Regelverfahren zur Beschlussfassung dominiert nach dem Vertrag von Lissabon das Mitentscheidungsverfahren, welches durch einen mehrstufigen Prozess eine Einigung zwischen Rat und EP erzielen soll (von Krause 2008: 19 und Artikel 251 AEUV). Demnach schlägt die KOM den wirklichen Beschlussfassungsorganen EP und Rat eine Gesetzesinitiative vor, woraufhin das EP eine Stellungnahme in der 1. Lesung abgibt. Der mit einer qualifizierten Mehrheit ausgestatte Rat muss bei Ablehnung des Vorschlags eine eigene Position zur Richtlinie entwickeln und diese dem EP mitteilen. Nach einer 2. Lesung im EP wird der Vorschlag des Rats mit einer absoluten Mehrheit verabschiedet, abgelehnt oder verändert. Wenn diese Abänderungen nicht vollständig angenommen werden, wird der Vermittlungsausschuss berufen. Dieser Ausschuss, bestehend aus einer gleichen Anzahl von Vertreten aus Rat und EP, dient zur Kompromissfindung zwischen den genannten Institutionen unter Einflussnahme der KOM. Neben diesem nach Artikel 294 AEUV geregelten Verfahren besteht die Möglichkeit der Einberufung von „Trilogen". Diese informelle und vertraglich nicht festgelegte Art der Zusammenarbeit hat den Zweck, die Ausdehnung der Verhandlungen durch den Vermittlungsausschuss zu begrenzen bzw. davor einen Kompromiss zu erzielen. Durch „technische Dreiersitzungen während der ersten und zweiten Lesung sowie vor Sitzungen des Vermittlungsausschusses zwischen Rat, EP und Kommission" (von Krause 2008: 21) wird zum einen die Entscheidungsfindung deutlich verkürzt und zum anderen die Zahl der Streitpunkte bzw. Dossiers reduziert. Der Rat wird dabei durch die aktuelle Präsidentschaft sowie durch die entsprechende Arbeitsgruppe des Ausschusses der Ständigen Vertreter (AStV) repräsentiert. Das Parlament schickt den zugeordneten Berichterstatter sowie die jeweiligen Ausschussvorsitzenden in die informellen Gespräche. Die KOM hat in den „Trilogen" vor allem eine moderierende Funktion[24], indem ihr die Aufgabe zufällt, durch technische Expertise und der Ausarbeitung von Kompromissen die Positionen von Rat und EP zusammenzuführen. Zu dieser Rolle wird die KOM durch den Vertrag von Lissabon in Artikel 294 AEUV Absatz 11 institutionell verpflichtet, da alle erforderlichen Maßnahmen ergriffen werden müssen, um die Standpunkte der beiden Entscheidungsinstanzen einander anzunähern (vgl. Europadigital 2010)[25]. Dieses Verfahren hat sich mittlerweile im europäischen Politikprozess bewährt, da dadurch flexible Lösungen für festgefahrene Verhandlungskonstellationen gefunden werden können. Denn gerade weil die beiden Entscheidungsträger EP und Rat mit einer Vetovollmacht ausgestattet sind, können die dadurch entstehenden Blockademöglichkeiten mit Hilfe von informellen Verhandlungen reduziert werden. Allerdings sind solche Verfahren nicht besonders transparent, da sie unter Ausschluss der Öffentlichkeit stattfinden und die Protokolle erst nach dem Abschluss der Verhandlungen veröffentlicht werden.

Abschließend muss festgehalten werden, dass es sich bei MLG eher um einen Analyserahmen als um eine Theorie handelt, welcher allerdings über eindeutige Abgrenzungen und klare Konturen verfügt (vgl. Benz 2010: 116). Die Kritik am MLG-Konzept bezieht sich hauptsächlich auf die Tatsache, dass der Ansatz verschiedene Elemente bereits bestehender Theorien aufgreift, anstatt neue theoretische Annahmen aufzustellen. Damit einher geht auch das Fehlen von Kausalzusammenhängen, die Erklärungen für den europäischen Integrationsprozess liefern können (vgl. Knodt/Große Hüttmann 2006: 235-236). Dennoch bietet sich MLG für die vorliegende Arbeit an, da im Gegensatz zu den klassischen Integrationstheorien nicht der „Staat" an sich im Mittelpunkt der Analyse steht, sondern die am Entscheidungsprozess beteiligten Akteure gleichermaßen berücksichtigt werden. Dadurch lassen sich konkrete Annahmen über die Interessen der differenzierten Akteure im Gesetzesprozess bilden:

> „Our starting point (…) is to make a clear distinction between institutions and actors, i.e. between the state (and the EU) as sets of rules and the particular individuals, groups, and

---

[24] „Eine Einigung im Rat wird schließlich durch die Tätigkeit der Europäischen Kommission erleichtert, die als Promotor innovativer Entscheidungen arbeiten und Führungsfunktionen übernehmen kann" (Benz zitiert nach Wagner 2006: 263).

[25] (http://www.europa-digital.de/dschungelbuch/gesetzgebung/Trilog_das_andere_Streitschlichtungsverfahren_EU.shtml).

organizations which act within those institutions" (Marks zitiert nach Knodt/ Hüttmann 2006: 227).

2.3. Multiple-Streams-Framework und Advocacy-Coalition-Ansatz

In diesem Kapitelpunkt soll erörtert werden, wie die in dieser Arbeit getroffenen empirischen Aussagen zueinander in Beziehung gesetzt werden können. Für die Reflexion und die entsprechende Einordnung der erlangten Ergebnisse sind politikwissenschaftliche Theorien zuständig. Deren Auswahl ist eng verbunden mit dem Forschungsinteresse und damit von der zu erklärenden, abhängigen Variable. Für die Analyse von Politikinhalten, in diesem Fall der EER, bietet sich die Politikfeldanalyse an, in deren Fokus materielle Politiken und somit Inhalte und Resultate von Politik stehen (Blum/ Schubert 2011: 15). Diese werden von den politikwissenschaftlichen Kategorien „Politics" – welche nach den politischen Prozessen bei der Entscheidungsfindung fragen – und „Polity" – worin die Strukturen und Institutionen der rahmengebenden Ordnung thematisiert werden – abgegrenzt und für die Analyse der „Policy" erklärend hinzugezogen (vgl. ebd.: 15 und 33). Bei einer solchen Herangehensweise wird danach gefragt, „was politische Akteure tun, warum sie es tun und was sie damit bewirken" (Dye zitiert nach Blum/ Schubert 2011: 16).

Die EER ist das Ergebnis eines formalen Entscheidungsprozesses, der auch als „Policy-Output" bezeichnet werden kann. Das ist insofern von Bedeutung, weil dieser von der Umsetzung („Outcome") als auch von der Wirkung („Impact") der Politik abgegrenzt werden muss (vgl. Schneider/ Janning 2006: 15). Diese Unterscheidung deutet an, dass die vorliegende Arbeit sich nicht mit dem gesamten Politik-Zyklus beschäftigen wird, sondern sich auf die Phasen der Problemwahrnehmung und des Agenda-Settings[26] sowie der Politikformulierung und der Entscheidungsfindung[27] konzentrieren wird (vgl. Jann/Wegrich 2003: 71-106).

---

[26] In dieser Phase soll untersucht werden, wie die Einführung eines Einsparverpflichtungssystems auf die politische Agenda gekommen ist bzw. warum sich Einsparsysteme gegenüber anderen Alternativen durchgesetzt haben. In welchem Kontext wurden die politischen Entscheidungsträger darauf aufmerksam und welche Ereignisse und Faktoren waren dafür verantwortlich.

[27] Dabei wird der Verhandlungsprozess der Richtlinie analysiert und danach gefragt, wie die finale Ausgestaltung von Einsparsystemen zu erklären ist. Welche unterschiedlichen Positionen haben im Entscheidungsprozess existiert und welche hat sich am Ende durchgesetzt.

Daher wurde ein theoretischer Rahmen ausgewählt, der sich zum einen auf die beiden genannten Phasen konzentriert und zum anderen die vielfältigen Prozesse und Strukturen bei der Entstehung einer „Policy" berücksichtigt. Der Multiple-Stream-Ansatz von John W. Kingdon[28] ermöglicht eine interpretative Analyse der Richtlinie, wobei von folgender Grundannahme ausgegangen wird:

> „Policies are the result of problems, solutions and politics, coupled or joined together by policy entrepreneurs during open windows of opportunity" (Zahariadis zitiert nach Nagel 2009: 84).

Dabei orientiert sich Kingdon am „Garbarge-Can-Modell" des organisationalen Entscheidens von Cohen, March und Olsen aus dem Jahr 1972 (vgl. Rüb 2009: 350). Das Modell betont die situative bzw. zufällige Seite eines Problems und dessen Lösung. Aufgrund der Existenz von unterschiedlichen und nicht zueinander in Beziehung stehenden Handlungsabläufen, liegt keine rational erklärbare Verbindung zwischen einem politischen Problem und dessen Lösung vor. Daher unterteilt der Ansatz die ungeordnete Dynamik bei einem Entscheidungs- oder Agenda-Settings-Prozess in drei unabhängig voneinander fließende Ströme (vgl. Gellner/Hammer 2010: 132). Zum einen beinhaltet der „Problem Stream" Informationen zu Problemstellungen in einem bestimmten Politikfeld, die von den entscheidenden Akteuren wahrgenommen und strategisch genutzt werden. Das spezifische Problem wird dann anhand von Indikatoren, besonderen Ereignissen, Feedback oder Gutachten identifiziert und auf die politische Agenda gebracht, damit die Akteure ihre Interessen durchsetzen können (vgl. Nagel 2009: 92).

Der „Policy-Stream" thematisiert die möglichen Optionen, die zur Problemlösung notwendig sind. Aus diesem Pool von konkreten Ideen wird dann der Lösungsvorschlag ausgewählt, dessen technische Umsetzbarkeit, normative Akzeptanz und mögliche Durchsetzbarkeit im Politikprozess am größten ist[29]. Der „Politics Stream" wiederum befasst sich mit den politischen Entscheidungsregeln und Prozessen, in denen die Verhandlungen um die „Policy-Lösung" stattfinden[30]. In die-

---

[28] Der Ansatz geht auf das von Kingdon 1984 veröffentlichte Werk „Agendas, Alternatives, and Public Policies" zurück (vgl. Gellner/Hammer 2010: 130).

[29] Die Auswahl der richtigen Lösungsoptionen wird besonders in der Phase der Politikformulierung relevant (vgl. Nill 2002: 12).

[30] Die Eigenschaften dieses Stroms wurden aufgrund seiner unklaren Beschreibung von verschiedenen Autoren transformiert. Kingdon selbst definierte ihn mit folgenden Attributen: nationale Stimmung, Machtverteilung organisierter Interessen und Regierung. Neben Kingdon

sem Kontext stellt Friedbert Rüb fest, dass besonders die Rolle von politischen Institutionen von Kingdon vernachlässigt wird (vgl. Rüb 2009: 367). Daher soll der Ansatz im Kontext dieser Arbeit insofern modifiziert werden, als dass die ursprünglichen Annahmen für diesen Strom durch die Ausführungen über das Regieren im europäischen Mehrebenensystem ersetzt werden.

Wenn diese drei Ströme zu einem bestimmten Zeitpunkt verknüpft werden können, öffnet sich ein „Policy Window"[31]. Das bedeutet, dass für das Agenda-Setting bzw. die Verabschiedung einer „Policy" der richtige Zeitpunkt gekommen ist und durch politische Manipulation zum Abschluss gebracht werden kann. Dies setzt Ambiguität - die mehrdeutige Beurteilung von Sachverhalten - voraus (vgl. Zahariadis 2007: 66-67). Demnach kann dieser Zustand zugunsten einer klaren Lösung nur dadurch überwunden werden, indem die Mehrdeutigkeit durch politische Manipulation reduziert wird. Dies kann durch politische Unternehmer, sogenannte „Policy Entrepreneurs", erfolgen. Bei einer unklaren Problemlage, wobei unterschiedliche Interpretationen eines Themas natürlich sind[32], präsentiert der „Entrepreneur" eine aus seiner Sicht realistische Lösung, um somit die Entscheidungsträger durch zielgerichtete Informationen zu beeinflussen (vgl. Gellner/Hammer 2010: 137). Diese Interpretationshoheit wird auch als „Framing" bezeichnet und gehört zu den zentralen Bewertungskriterien für die Arbeit eines politischen Unternehmers. Daneben spielt die „Symbolisierung" der bevorzugten Lösungsoption eine wichtige Rolle, gerade um die Alternativlosigkeit im Vergleich zu anderen Politikmaßnahmen aufzuzeigen. Ein weiteres Merkmal betrifft den strategischen Umgang mit Zeit – im Kontext der Theorie als „Salami Tactics" bezeichnet – wodurch Agenda-Settings- und Entscheidungsprozesse elementar beeinflusst werden können. Dies bezieht sich vor allem auf die Fähigkeit eines politischen Unternehmers, den richtigen Zeitpunkt für die Bildung von Interessenkoalitionen zu erkennen und für die Generierung von Kompromissen zu nutzen. Und nicht zuletzt ist auch die gezielte Steuerung von

---

haben auch Zahariadis (2007) und Rüb (2006) Indikatoren für diesen Strom entwickelt und u.a. institutionellen Faktoren mehr Gewicht gegeben (vgl. Nagel 2009: 95).

[31] Darunter versteht Kingdon „opportunities for action on given initiatives" (Kingdon zitiert nach Nagel 2009: 98).

[32] In diesem Zusammenhang betont Kingdon das Prinzip der Kontingenz. Demnach wird rationales Handeln in der Politik verneint und eher als „Spiel mit Möglichkeiten" gedeutet. Es gibt demnach keine eindeutigen Akteursinteressen und Zielstellungen, sondern nur zufällige, im situativen Kontext realisierbare Lösungen von Politik (Rüb 2009: 351-352).

Emotionen – „Affect Priming" – entscheidend für den Erfolg eines „Entrepreneurs". Polarisierende Debatten oder Stimmungen können sich negativ auf den Politikprozess einer Gesetzesinitiative auswirken und deren Beeinflussung ist somit zentral für den Output der Verhandlungen (vgl. Rüb 2009: 362-363).

Grundsätzlich können sich diese Politikfenster auf zwei Arten öffnen. Zum einen durch Vorgänge im „Politics- oder Problem-Stream". Dazu gehören Wahlen bzw. Regierungswechsel, Krisen, neue Daten durch Programmevaluationen oder bestimmte Ereignisse im politischen System, wie z.B. konstitutionelle Voraussetzungen für Gesetzesinitiativen oder Neubesetzungen von Amtspositionen. Zum anderen können wie bereits erwähnt, politische Unternehmer das Öffnen von Zeitfenstern erreichen (vgl. Nagel 2009: 98). Die sinngebende Zusammenführung der drei Ströme durch ein aktives Eingreifen des „Entrepreneurs" bezeichnet Kingdon als Koppelung. Dabei ist „Zeit" eine kritische Ressource, weil sich Politikfenster nur in einen begrenzten Zeitraum öffnen können, da der situative Kontext für ein erfolgreiches Agenda-Setting bzw. Verabschieden eines Problems temporär beschränkt ist[33].

Neben „Zeit" ist „Aufmerksamkeit" die zweite knappe Ressource, da die Entscheidungsträger mit einer Vielzahl von Problemen und möglichen Lösungen konfrontiert sind. Daher eignen sich besonders Symbole dazu, die Aufmerksamkeit der „Decision-Maker" auf eine bestimmte „Policy" zu lenken (vgl. Nagel 2009: 100-102).

Zusammenfassend bleibt festzuhalten, dass sich dieser analytische Rahmen besonders dazu eignet, die Komplexität eines politischen Prozesses zu reduzieren und auf wenige Elemente zu beschränken. Aus dieser Perspektive heraus können Erklärungen über den Entstehungszusammenhang einer „Policy" abgegeben werden, die nicht auf vorgefertigten Mustern beruhen, sondern die kontextbedingte Entwicklung von Politikmaßnahmen berücksichtigen. In diesem Punkt grenzt sich der Ansatz auch von einem Modell wie dem Politik-Zyklus ab, denn gerade bei umstrittenen Gesetzesvorhaben müssen situative Aspekte in die Analyse einbezogen wer-

---

[33] Dies liegt an den zeitlich begrenzten Veränderungen im „Politics"-Strom, wie z.B. der Wandel der öffentlichen Meinung. Auch die Position der Entscheidungsträger kann sich gemäß den Prinzipen der Ambiguität und Kontingenz schnell wieder ändern. Auch Faktoren wie die Einzigartigkeit einer Lösung und die Wahrnehmung von externen Ereignissen, wie z.B. Krisen, sind zeitlich stark begrenzt (vgl. Nagel 2009: 99).

den, zugunsten einer realistischeren Interpretation[34]. Die Schwächen des Ansatzes finden sich bei der Formulierung von geeigneten Hypothesen aufgrund mangelnder Kausalzusammenhänge und der Mehrdeutigkeit des Politikprozesses und der damit verbundenen eingeschränkten Erklärungskraft (vgl. Zahariadis 2007: 79-80). Daneben wird wie bereits erwähnt, der mangelnde Rückgriff auf institutionelle Einflussfaktoren kritisiert, wodurch die Präferenzen der Akteure nur schwierig zu bestimmen sind bzw. gar nicht definiert werden können (vgl. Rogge 2010: 210-212).

Den beschriebenen Mangel an Kausalität soll durch die Verwendung ausgewählter Elemente eines weiteren Ansatzes entgegengewirkt werden: dem akteursorientierten[35] „Advocacy Coalitions Framework" von Paul Sabatier (Sabatier 1988: 129-168). Der Ansatz von Sabatier befasst sich mit der Organisation der Akteure und ihren zur Verfügung stehenden Ressourcen, um deren Handeln besser interpretieren zu können. Dabei interessiert ihn die Erklärung eines Politik-Wandels innerhalb eines Subsystems[36], welcher durch einen entsprechenden Lernprozess innerhalb einer Zeitspanne von mindestens 10 Jahren stattfindet. Der Ansatz hebt auch die Bedeutung von Akteurskonstellationen hervor, indem die Akteure eines bestimmten Subsystems in Koalitionen unterteilt und ihre Kräfteverhältnisse zueinander untersucht werden. Die Koalitionen ergeben sich auf der Grundlage von gemeinsamen (Wert-) Vorstellungen und politischen Grundüberzeugungen. Diese bezeichnet Sabatier auch als „belief systems" und unterscheidet in einem hierarchischen Modell nach drei unterschiedlichen Schichten. Die oberste Ebene bildet den Hauptkern („deep core"), der grundlegende Überzeugungen enthält, die für alle Politikfelder Gültigkeit besitzen[37]. Darunter befindet sich der „policy core", welcher sich ausschließ-

---

[34] „Der Vorteil des MSA gegenüber der weitverbreiteten Phasenheuristik des Policy-Cycle-Modells liegt in der Verknüpfung und Bündelung der einzelnen - nicht immer direkt aneinander anschließenden – Politikphasen unter einem einzigen Analysescheinwerfer. Damit kann MSA den gesamten Politikprozess gut erklären" (Ebd.: 103).

[35] „Mit der Akteurorientierung wird gleichzeitig betont, dass öffentliche Politik nicht mehr aus den Entscheidungen und Handlungen eines singulären Akteurs (des Staates, des Gesetzgebers oder der Regierung) resultiert, sondern aus der Interaktion vieler Akteure rekonstruiert werden muss" (Schneider/ Janning 2006: 85).

[36] Ein Policy-Subsystem beschreibt die öffentlichen und privaten Akteure verschiedener Institutionen, „die aktiv mit einem Policy-Problem oder Policy-Fragen (…) befasst sind" und deren Interaktionen. Es ist somit vergleichbar mit dem Konstrukt einer Policy-Arena (Sabatier 1993 :119).

[37] Als Beispiele nennt Sabatier u.a. die Einteilung in politische Lager, z.B. liberal vs. konservativ oder rechts vs. links (vgl. Sabatier/ Jenkins-Smith 1999: 121f.).

lich auf das betreffende Subsystem bezieht und die entsprechenden Strategien und Auffassungen der Akteure zur Durchsetzung der eigenen Position vereint[38]. Diese mittlere Ebene bildet die Grundlage für das Zusammenfinden von Koalitionen. Die unterste Ebene setzt sich aus den sogenannten „sekundären Aspekten" zusammen, die stark themenbezogen sind und sich nur auf Teile eines Subsystems, wie z.B. instrumentelle Entscheidungen, beziehen. Während sich der Hauptkern eines „belief systems" nur schwer und selten ändert, unterliegt die unterste Ebene häufigen Veränderungen (vgl. Sabatier/ Jenkins-Smith 1999: 121f. und 132-134).

Sabatier geht davon aus, dass sich Akteure auch deswegen am politischen Prozess beteiligen, weil diese ihre „belief systems" in öffentliche Maßnahmen bzw. Politik umsetzen wollen. Zu diesem Zweck koordinieren die Akteure einer Koalition ihre Handlungen untereinander. Dabei muss nicht zwangsläufig ein gemeinsamer Handlungsplan vorhanden sein, um das von der Koalition favorisierte Ziel zu erreichen, sondern es reicht schon die gegenseitige Anpassung der verschiedenen Strategien aus. Wenn eine Koalition ihr „belief system" ändert, dann sind dafür in der Regel externe Faktoren verantwortlich, die den Hauptkern beeinflussen. Dazu gehören neben dem Wandel der sozioökonomischen Bedingungen, wie z.B. der Konjunktur, auch die Veränderungen von Regierungskonstellationen oder öffentlichen Meinungen (vgl. ebd.: 151). Gerade bei schwierigen Verhandlungsverhältnissen können externe Ereignisse zu einer Transformation der Kernüberzeugungen und somit der Handlungspräferenzen der Akteure führen[39].

Die vorliegende Arbeit bedient sich nur der analytischen Einordnung von Interessenkoalitionen und ihrer „belief systems", um damit die empirischen Erkenntnisse besser ordnen und interpretieren zu können. Auf Grundlage dieses Ansatzes werden die Akteure im Verlauf der Arbeit bestimmten Koalitionen zugeordnet und Annahmen darüber getroffen, welche Koalition sich aufgrund von welchen Ereignissen am Ende durchgesetzt hat. Besonders im Hinblick auf den Untersuchungsgegenstand der Arbeit eignet sich die Verwendung von Sabatiers Ansatz, weil dieser

---

[38] Dazu gehören beispielsweise die konkreten Präferenzen bezüglich eines Policy-Instruments (vgl. ebd.: 132-134).

[39] Wenn durch externe Ereignisse eine Änderung der Kernelemente erfolgt, ergibt sich für die Minderheitskoalition eine günstige Gelegenheit, das Politikergebnis zu ihren Gunsten zu beeinflussen (vgl. ebd.: 151).

explizit die Mehrebenenperspektive der Akteure und Institutionen berücksichtigt[40]. Die anderen Elemente des Analyserahmens von Sabatier – die Erklärung eines Politikwandels über einen langfristigen Lernprozess – werden nicht weiter beachtet. Für die Bearbeitung des ausgewählten Einzelfalls ist eine vollständige Anwendung des Ansatzes weder notwendig noch empfehlenswert.

2.4. Thesenbildung und Operationalisierung

In den Ausführungen zum europäischen Mehrebenensystem wurde herausgestellt, dass die KOM durch das ihr institutionell zugewiesene Initiativ- und Vorschlagsmonopol als „Motor der europäischen Politik" agiert. Ob die Institution diese Rolle angenommen und im Politikprozess zur EER erfüllt hat – ob sie also als „Policy Entrepreneur" erfolgreich war – soll im Verlauf dieser Arbeit anhand folgender These analysiert werden:

> Für den Erfolg eines politischen Unternehmers ist es entscheidend, innovative und zielführende Politikinstrumente zu erkennen bzw. aufzunehmen und dementsprechend im Agenda- und Politikformulierungsprozess zu positionieren, dass diese maximale Aussichten auf politische Durchsetzbarkeit im Entscheidungsprozess haben.

Die Rolle der KOM im Policy-Prozess der Richtlinie wird daher zum einen über die Erfolgskriterien eines politischen „Entrepreneurs" nach Kingdon erklärt und zum anderen wird dafür auf die Charakteristika der KOM als Akteur im europäischen Mehrebenensystem zurückgegriffen. Dadurch soll die Funktions-und Wirkungsweise des Verpflichtungssystems in einen Zusammenhang mit dem energiepolitischen Zielkorridor gebracht werden, denn der Policy-Output des Systems ist die maßgebliche Variable für die Bewertung des Verhandlungsergebnisses zur EER. Für die Operationalisierung der These werden aufbauend auf den theoreti-

---

[40] „The Advocacy Coalition Framework explicitly assumes that most coalitions include actors from multiple levels of government" (Jenkins-Smith/Sabatier zitiert nach Hirschl 2008: 45-46).

schen Ausführungen bestimmte Indikatoren erstellt, die mit Hilfe einer Checkliste überprüft und im Fazit zusammengefasst werden.

Checkliste[41] 1: Welche Kriterien sind für den Erfolg eines politischen Unternehmers entscheidend?

1) Geschicktes „Framing" zur Platzierung der bevorzugten Lösungsoption
2) Wissensvorsprung
3) Symbolisierung des Instruments – Reduktion auf das Wesentliche
4) Zeitmanagement – Nutzen eines „Policy Windows"
5) Steuerung von Emotionen („Affect Priming")
6) KOM als Agenda-Setter
7) Moderation der Verhandlungen

Die Wahl der Theorie ist insofern von Bedeutung, als dass dadurch bestimmte Aspekte eines Themas hervorgehoben oder vernachlässigt werden. Nachdem sich die erste Hypothese mehr auf die Phase des politischen Agenda-Settings bezieht und spezifisch die Rolle eines einzelnen Akteurs hinterfragt, müssen im Kontext der Fragestellung auch die Interessen der anderen Akteure während des formalen Entscheidungsprozesses berücksichtigt werden. In der Einleitung finden sich bereits einige Hinweise darauf, dass die verbindliche Einführung von Einsparsystemen zu einer kontroversen Debatte zwischen den beteiligten Stakeholdern geführt hat. Ob diese Diskussion eine Artikulation der Interessen auf europäischer Ebene bedingte und der Entscheidungsprozess davon beeinflusst wurde, soll durch die Überprüfung einer weiteren Hypothese analysiert werden. Denn wenn diese Interessen sich auch institutionell niedergeschlagen haben sollten, kann dies eine weitere Erklärung für das Verhandlungsergebnis liefern:

> „Ob aus den Blockademöglichkeiten, die im institutionellen System der EU angelegt sind, auch tatsächlich folgt, dass Regelungen gar nicht oder nur auf niedrigem Niveau zustande kommen, hängt von der jeweiligen Konstellation der Interessen ab" (Wagner 2006: 257).

---

[41] Eigene Auswahl nach Rüb 2009 und Jachtenfuchs/ Kohler-Koch 2010.

Daher wird mit Hilfe folgender Hypothese die Akteurskonstellation im Entscheidungsprozess analysiert:

> Da Einsparsysteme einen tiefen Eingriff in die nationale Energiepolitik eines Landes bedeuten, haben sich Interessenkoalitionen dagegen gebildet, die die finale Ausgestaltung des entsprechenden Artikels im europäischen Entscheidungsprozess maßgeblich bestimmt haben.

Die Operationalisierung der These soll ebenfalls durch die Überprüfung einer Checkliste erfolgen, deren Bestandteile sich aus den Ausführungen über den Koalitionen-Ansatz von Sabatier und den institutionellen Gegebenheiten des europäischen Mehrebenensystems zusammensetzen.

Checkliste[42]: Kriterien für die finale Ausgestaltung von Einsparsystemen

1) Bildung von Interessenkoalitionen
2) Institutionelle Blockademöglichkeiten
3) Verteilung der Mehrheitsverhältnisse
4) Externe Ereignisse und Änderungen der Handlungspräferenz einzelner Akteure

---

[42] Eigene Auswahl nach Wallace 2003, Wagner 2006 und Sabatier 1993.

3. Hintergrund der Diskussion um Energieeinsparverpflichtungssysteme

3.1. Funktions- und Wirkungsweise

Wie in der Einleitung bereits angedeutet wurde, hat sich die EU ambitionierte Ziele in der Klima- und Energiepolitik gegeben. Zur Erreichung dieser Ziele bedarf es verschiedener Instrumente und Maßnahmen, die zu Energieeinsparungen führen und den Primärenergieverbrauch der Mitgliedstaaten senken. Ein international bewährtes Verfahren zur Erschließung von Einsparpotentialen im Energie- und Strombereich sind Mengensteuerungssysteme, die Einsparziele für bestimmte Zeitperioden festlegen, sogenannte Einsparquotensysteme bzw. Energieeffizienzverpflichtungssysteme[43]. Im Folgenden soll daher die Funktionsweise des Instruments erläutert werden, mit Rücksicht auf die bereits bestehenden Einsparsysteme in verschiedenen europäischen Staaten und der Diskussion um die Kosten-Nutzen-Effekte. Das grundsätzliche Prinzip des Instruments formulieren die Energieeffizienzexperten Dan Staniaszek und Eoin Lees wie folgt:

> *„At its simplest, an EEO[44] is a requirement on a group of market actors in one or more sectors of the energy industry in a given territory to achieve a specified energy saving target"* (Staniaszek/Lees 2012: 4).

Die Idee die einem solchen System zugrunde liegt ist demnach, dass die verpflichtete Akteursgruppe Energieeinsparungen erzielt, die diese selber in ihrem Tätigkeitsfeld vollzieht. Daher bietet es sich an, Unternehmen aus der Energieindustrie – die für die Erzeugung und Verteilung von Energie bzw. für die Versorgung der Verbraucher zuständig sind – durch verbindliche Einsparziele zu Effizienzmaßnahmen bei ihren Kunden zu verpflichten. Somit können die auf der Nachfrageseite vorhandenen Einsparpotentiale ausgeschöpft werden. Dies erfolgt über zuvor festgelegte Standardmaßnahmen, wie z.B. den Austausch von Glühlampen, oder durch nicht-typisierte, innovative Aktionen der Unternehmen in ihrem Wirkungskreis. Dieses Verfahren kann mit der Ausstellung von Zertifikaten für Energieeinsparungen einhergehen. Diese sogenannten „Weißen Zertifikate" können dann ähnlich wie

---

[43] Umweltökonomisch korrekt werden Einsparquotensysteme als Instrumente der Mengensteuerung kategorisiert und ordnungsrechtlich definiert, da verpflichtende Einsparungen erbracht werden müssen (vgl. Bürger 2008: 99).

[44] Energy Obligation Scheme = Energieverpflichtungssystem.

beim europäischen Emissionshandelssystem (ETS) von Unternehmen gekauft, verkauft und gehandelt werden, um ihr Einsparziel zu erreichen[45].

Zum einen wird durch die Umsetzung eines solchen Instruments der Energieverbrauch reduziert und zum anderen der Markt für Energieeffizienzdienstleistungen stimuliert. Denn wenn der Staat ordnungsrechtliche Anreize für Energieeffizienz setzt, profitieren davon neben den Kunden (geringere Energiekosten) auch die Marktteilnehmer (größerer und innovativerer Markt). Daher ist es in diesem Kontext sinnvoll, eher von einem marktorientierten Anreizsystem[46] als von einem staatlichen Verpflichtungssystem zu sprechen. In Abbildung 1 sind die zuvor getroffenen Annahmen zur Funktionsweise eines Einsparquotensystems mit dem Handel von Zertifikaten in einem Schaubild zusammengefasst. Dabei wird davon ausgegangen, das Energiedienstleister (EDL) dem verpflichteten Einsparziel nicht unterworfen sind, aber als Bindeglied zwischen Kunden und Unternehmen agieren. Solche Dienstleister können aufgrund ihrer Verbrauchernähe im Auftrag der Energieversorger Einsparmaßnahmen im Endkundenbereich durchführen oder unabhängig davon ein Set von marterprobten Einsparprogrammen anbieten[47]. Zentral für das Verständnis des Quotensystems ist die Annahme, dass die verpflichteten Unternehmen die Endkunden bei der Implementierung von Energieeffizienzmaßnahmen unterstützen und somit ihre Einsparvorgaben erfüllen. Die Einhaltung der Ziele könnte von einer staatlichen Behörde kontrolliert werden, in diesem Fall von der Bundesstelle für Energieeffizienz[48] (vgl. Bürger/Wiegmann 2007: 3-4).

---

[45] Wenn verpflichtete Unternehmen durch ihre Einsparmaßnahmen die vorgegebene Quote überfüllen, kann die Differenz an andere Marktteilnehmer in Form von Zertifikaten verkauft werden. Umgekehrt können Akteure, die ihr Einsparvolumen nicht durch Effizienzmaßnahmen erreichen können oder wollen, durch den Zukauf solcher Zertifikate ihren Verpflichtungen nachkommen (vgl. Bürger 2008: 91).

[46] In einer Studie der Berliner Energieberatungsagentur „The CO-Firm" im Auftrag der Deutschen Unternehmensinitiative Energieeffizienz e.V. (DENEFF) zur Umsetzung eines Energieeinsparverpflichtungssystems wird explizit die marktorientierte Anreizkomponente des Instruments zur Steigerung der Energieeffizienz hervorgehoben (DENEFF 2012a).

[47] Im Gegenzug für erbrachte Einsparungen werden den Energiedienstleistern Zertifikate ausgestellt, wodurch diese am Handel zwischen den verpflichteten Akteuren teilgenommen können (vgl. Bürger 2008: 91-92).

[48] Im Rahmen der EU-Richtlinie für Endenergieeffizienz und Energiedienstleistungen (RL 2006/32/EG) wurde in Deutschland die Bundestelle für Energieeffizienz (BfEE) gegründet (vgl. auch Kapitel 3.2.).

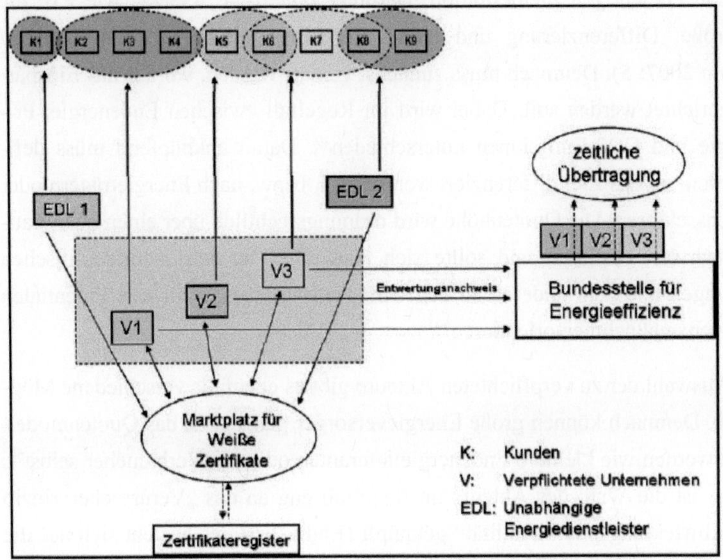

Quelle: Schlomann, Barbara u.a. (2012): Kosten-/Nutzen-Analyse der Einführung marktorientierter Instrumente zur Realisierung von Endenergieeinsparungen in Deutschland. Endbericht an das Bundesministerium für Wirtschaft und Energie (= Studie von Frauenhofer ISI, Ecofys und Öko-Institut e.V.), Karlsruhe/Freiburg/Berlin, Stand 12.1.2013, (http://oeko.de/oekodoc/ 1462/ 2012-043-de.pdf), S. 30.

3.2. Policy-Architektur eines Einsparquotensystems und europäischer Vergleich

Die zuvor erläuterten Charakteristika von Einsparquotensystemen überschreiten teilweise die grundlegende Definition von Staniaszek und Lees 2012. Allerdings lässt sich durch gewisse Vorgriffe auf eine mögliche Ausgestaltung des Quotenmodells – z.B. Zertifikatehandel ja/nein – der Funktionsmechanismus solcher Systeme nachvollziehbarer darstellen. Grundsätzlich kann ein Instrument wie dieses flexibel aufgebaut und zielgerichtet eingesetzt werden. Dies erklärt auch die unterschiedliche Ausgestaltung der Einsparsysteme in verschiedenen europäischen Ländern. Im Folgenden soll sich auf die wichtigsten Elemente für eine effektive Implementierung von Quotenmodellen konzentriert werden, um zum einen die Bandbreite des Instruments zu verdeutlichen und zum anderen die bereits umgesetzten Einsparsysteme in Europa nachzuvollziehen.

Der Aufbau eines solchen Mengensteuerungsinstruments beginnt mit einer umfassenden und eindeutigen Zieldefinition. Darunter fallen u.a. Aspekte wie z.B. die Bezugsgröße, Differenzierung und Höhe des Einsparziels (vgl. z.B.: Bürger/ Wiegmann 2007: 5). Demnach muss zunächst geklärt werden, worauf das Einsparziel ausgerichtet werden soll. Dabei wird im Regelfall zwischen Endenergie, Primärenergie und CO_2-Emissionen unterschieden[49]. Daran anknüpfend muss definiert werden, ob das Ziel differenziert werden soll, bspw. nach Energieträgern oder Verbrauchssektoren. Die Quotenhöhe wird ordnungsrechtlich über einen quantitativen Einsparwert bestimmt und sollte sich zum einen an den energiepolitischen Zielstellungen und zum anderen an den wirtschaftlich ausschöpfbaren Potentialen von Effizienzmaßnahmen orientieren[50].

Bei der Auswahl der zu verpflichteten Akteure gibt es ebenfalls verschiedene Möglichkeiten. Demnach können große Energieversorger genauso in das Quotenmodell integriert werden wie kleinere Endenergielieferanten oder die Verbraucher selbst[51]. Allerdings ist die Wahl des Akteurs im Regelfall eng an das „Verursacherprinzip und die Abwicklungspraktikabilität" geknüpft (Ebd.). Ersteres bezieht sich auf die ordnungsrechtliche Legitimation des Einsparziels, wonach die Akteursgruppe verpflichtet wird, die für den Energieverbrauch bzw. die Erzeugung und den Handel verantwortlich ist. Daher haben die meisten Quotensysteme einen starken Bezug zum Endverbraucher bzw. deren Versorger. Die Abwicklungspraktikabilität ist wiederum mit den Transaktionskosten, also der Umsetzung des Systems verbun-

---

[49] vgl. Glossar

[50] Die einzusparende Energiemenge wird im Regelfall als absolutes Gesamtziel für einen Referenzraum (national, regional, kommunal) formuliert, das von den verpflichteten Akteuren gemeinsam erbracht werden muss. Wichtig ist in diesem Kontext, dass ein absolutes Einsparziel den Anstieg des Energieverbrauchs nicht zwangsläufig ausschließt. Denn das Mengenziel wird relativ zu einem vergangenen Zeitraum bestimmt. Daher kann der Verbrauch trotz Quotenerfüllung durch Faktoren wie Strukturwandel oder Verhaltenseffekte ansteigen, wodurch z.B. die Absatzzahlen verpflichteter Energieversorger wachsen können, obwohl diese eigentlich Effizienzmaßnahmen zur Energieeinsparung durchführen müssen. Dies ist ein wichtiges Argument, das Kritiker von Einsparquotensystemen oft unterschlagen, wenn das Instrument als planwirtschaftlich oder marktbeschränkend bezeichnet wird (vgl. Bürger/Wiegmann 2007: 38-39 und DENEFF 2012b: 4).

[51] Das System kann festlegen, ob nur verpflichtete Akteure Einsparmaßnahmen erbringen dürfen oder ob auch Dritte, wie z.B. kleine Energiedienstleister, die von der Quote nicht erfasst sind, Effizienzmaßnahmen anrechnen lassen können. Durch Aufträge der verpflichteten Akteure oder den Handel mit Zertifikaten können diese dann davon profitieren (vgl. Schlomann 2012: 54).

den. Dafür müssen die zulässigen Maßnahmen[52] zur Energieeinsparung und deren Anrechnung[53] festgelegt werden. Das für den Referenzraum festgelegte Einsparziel kann dann nach Auswahl der Akteure anhand verschiedener Faktoren individuell als quantitatives Mengenziel auf die verpflichtete Gruppe zugeschnitten werden[54].

Zu den weiteren Ausgestaltungsmerkmalen eines Einsparquotensystems gehören die Festlegung einer „Baseline", die Wahl des Anrechnungszeitraums bzw. Länge der Verpflichtungsperiode, Flexibilisierungsmechanismen und die Aufteilung der Kosten sowie die institutionelle Kontrolle (vgl. Schlomann 2012: 45-52). Die „Baseline" wird im Kontext des bestehenden energiepolitischen Rechtsrahmens definiert, so dass nur Einsparungen vom Quotensystem anerkannt werden, die über die zu erbringenden Maßnahmen durch die bereits existierenden Gesetze hinausgehen[55]. Bei der Wahl des Anrechnungszeitraums kann zwischen einer einmaligen und einer periodischen Anrechnung unterschieden werden. Bei dem zuerst genannten Zeitraum wird die Maßnahme direkt nach der Implementierung inklusive der

---

[52] Diese können sich auf zuvor bestimmte, standardisierte Maßnahmen wie den Austausch von Glühlampen beziehen. Solche typisierten Einsparprogramme sind einfach umzusetzen und besitzen einen niedrigen Abwicklungsaufwand. Allerdings hat diese Methode ein geringes Innovations- und Wettbewerbspotential, da Einsparmöglichkeiten präventiv auf einzelne Maßnahmen beschränkt werden und die Marktstimulation gering ausfällt. Dagegen würde eine Ausweitung auf nicht-typisierte Maßnahmen zu mehr Innovation und ökonomischer Effizienz führen, wobei die Abwicklung durch ein aufwendigeres Nachweisverfahren erschwert wird. Maßnahmen aus dem Bereich der Information und Motivation sind nicht zu unterschätzende Faktoren für Energieeinsparungen, gerade für den Haushaltssektor („richtig heizen") oder bei Investitionen in Energieeffizienz. Die effektiven Einsparungen und deren Messung sind aber nur schwer nachzuweisen und abzurechnen (vgl. ebd.: 41).

[53] Dabei wird zwischen der gleichen Anrechnung aller Maßnahmen, z.B. kann jede eingesparte Kilowattstunde gleich gewertet werden, und der Differenzierung nach bestimmten Faktoren, wenn z.B. der Innovationsgrad der Einsparmaßnahme nach unterschiedlichen Wichtungsfaktoren abgerechnet wird, unterschieden (vgl. ebd.: 44).

[54] Das individuelle und quantitative Einsparziel des verpflichteten Akteurs orientiert sich an der Ausgestaltung und Differenzierung des Systems. Als Indikatoren für das Mengenziel eines einzelnen Unternehmens können Marktanteile, die Wirtschaftsleitung, Kundenzahlen oder die gelieferte Endenergiemenge verwendet werden (vgl. Bürger/Wiegmann 2007: 44f.).

[55] Die „Baseline" entspricht demnach einer Referenzentwicklung, die die ohnehin zu erbringenden Energieeinsparungen des bestehenden Rechtsrahmens errechnet und festlegt. Diese kann sich am Bestands- oder Marktdurchschnitt, den Lebenszykluskosten (LLCC-Standard) oder dem BAT-Index (Best Available Techniques) orientieren. Daher bietet es sich an, für jede spezifische Einsparmaßnahme eine projektbezogene Referenzentwicklung zu erstellen, anhand derer die Maßnahme dann angerechnet wird. Dieses Verfahren wird als „Bottom-up Ansatz" bezeichnet (vgl. ebd.: 6-8 und Schlomann 2012: 45).

dadurch in Zukunft generierten Energieeinsparung abgerechnet. Bei einer periodischen Anrechnung werden die erzielten Einsparungen nach einer zuvor festgelegten Verpflichtungslänge (z.B. jährlich) anerkannt. In diesem Fall werden jedes Jahr die wirklich erfolgten Effizienzleistungen überprüft und nachvollziehbar abgerechnet. Ein solches Verfahren ist zwar transparenter und gerechter, schafft allerdings weniger Investitionsanreize und ist wesentlich aufwendiger im Vergleich zur einmaligen Abrechnung (vgl. ebd.: 47 und Bürger/Wiegmann 2007: 7-8).

Mechanismen zur Flexibilisierung des Quotensystems beziehen sich auf die Erfüllung des Einsparziels. Wenn das System den verpflichteten Akteuren keine Flexibilisierungsmöglichkeiten zugesteht, dann müssen diese bei einer Verfehlung des Ziels mit Sanktionsmaßnahmen rechnen. Darunter könnte eine Strafzahlung oder die Einführung einer Nachholpflicht fallen, wodurch der zu erbringende Einsparanteil des Akteurs in der folgenden Verpflichtungsperiode signifikant steigen würde. Eine Alternative dazu wäre, dass die Akteure durch Kompensationszahlungen („Buy-out") die fehlenden Energieeinsparungen ersetzen. Der „Buy-out-Preis" sollte sich an den Kosten einer Einsparmaßnahme orientieren und etwas über dem Investitionsvolumen der jeweiligen Effizienzmaßnahme liegen, um so Anreize für die Erfüllung der Quote zu schaffen. Im Gegenzug könnten durch Übertragungsregelungen auch überschüssige oder fehlende Einsparergebnisse im folgenden Verpflichtungszeitraum angerechnet bzw. nachgeholt werden (vgl. Schlomann 2012: 49). Wenn das Quotensystem durch den Handel mit Zertifikaten ergänzt wird, entstehen automatisch erweiterte Flexibilisierungsoptionen für die verpflichteten Akteure.

Die für das System anfallenden Kosten werden im Regelfall vom Endverbraucher getragen. Im internationalen Vergleich hat sich dieses Verfahren als einfachstes bewährt[56]. Folglich zahlt der Haushaltssektor auch für Einsparmaßnahmen, die unter Umständen anderen Kundensegmenten - wie z.B. der Industrie - nützen. Es bietet sich daher an, die Kosten für die Einsparprogramme entsprechend der jeweiligen

---

[56] Grundsätzlich handelt es sich um ein vergleichsweise kostengünstiges Instrument. Eine Implementierung des Systems erfordert nur geringe Investitionen, weil auf die vorhandene Infrastruktur zurückgegriffen wird. Erfahrungen aus anderen EU-Ländern haben gezeigt, dass bei einer Umlage auf den Endverbraucher mit Bruttokosten von 3 bis 5 Euro pro Jahr und Verbraucher zu rechnen ist, wobei diese durch die Einspareffekte mindestens kompensiert werden (vgl. DENEFF 2012b: 5).

Profiteure zu verteilen, also z.B. Privatkunden nur für die Effizienzmaßnahmen im Haushaltssektor bezahlen zu lassen, von denen diese auch direkt profitieren. Zur Kontrolle der Quoteneinhaltung der verpflichteten Akteure eignen sich nationale Regulierungsinstitutionen, die eine hohe Schnittmenge mit der Ausgestaltung des Instruments aufweisen (vgl. Bürger/Wiegmann 2007: 52).

Die vorgestellten Ausgestaltungsmerkmale finden sich in der Implementierung der europäischen Energieeinsparsysteme wieder. In Frankreich, Italien, Dänemark, Großbritannien, Polen und Belgien bzw. Flandern wurde das Instrument bereits eingeführt, in den Niederlanden, Irland, Spanien und Portugal ist es unabhängig von der EER geplant (vgl. DENEFF 2012b: 17 und RAP 2012: 27-64). In Anhang 1 sind die jeweiligen spezifischen Charakteristika einiger europäischer Effizienzquotenmodelle vergleichend aufgeführt. Die folgende Tabelle setzt dagegen bestimmte Systemmerkmale ausgewählter europäischer Quotenmodelle in einen Zusammenhang mit ihrer Marktwirkung.

Tabelle 1: Ausgestaltung und Wirkungstendenz europäischer Einsparquotensysteme im Vergleich[57]

Ausgestaltungsmerkmal	Wirkungstendenz
Bezugsgröße Primärenergie	Bevorzugung von Maßnahmen im Strombereich (GB, IT)
Bezugsgröße Endenergie	Bevorzugung von Maßnahmen im Brennstoffbereich (FR, DK)
Verwendung von Standardmaßnahmen	Geringe Transaktionskosten (GB), Gefahr der Lenkung hin zu weniger effizienten Potentialen (FR, IT)
andere Maßnahmen	höhere Transaktionskosten (IT), theoretisch Steigerung der Effizienz der Quotenerfüllung (DK)
Anrechnung über Lebensdauer	Anreiz für Maßnahmen im Gebäudebereich (GB,FR)
Keine Berücksichtigung der technischen Lebensdauer	Bevorzugung von technischen Maßnahmen (z.B. Haushaltsgeräte in IT)

Quelle: Schlomann, Barbara u.a. (2012): Kosten-/Nutzen-Analyse der Einführung marktorientierter Instrumente zur Realisierung von Endenergieeinsparungen in Deutschland. Endbericht an das BMWi (= Studie von Frauenhofer ISI, Ecofys und Öko-Institut e.V.), Karlsruhe/Freiburg/Berlin, Stand 12.1.2013, (http://oeko.de/oekodoc/ 1462/ 2012-043-de.pdf), S. 24.

---

[57] Dabei wurde folgende Abkürzungen für die jeweiligen Länder verwendet: Italien=IT, Dänemark=DK, Großbritannien=GB und Frankreich=FR.

3.3. Pro und Contra von Verpflichtungssystemen

Um zu verstehen, warum - wie in der Fragestellung unterstellt - eine breite Diskussion um die verpflichtende Einführung von Energiesparsystemen entstanden ist, sollen in diesem Kapitelpunkt die Konfliktlinien aufgezeigt werden, die zu einer ablehnenden Haltung bestimmter Akteure im europäischen Entscheidungsprozess geführt haben. Daher werden in diesem Teil der Arbeit weniger die spezifischen Interessen der Akteure analysiert, sondern vielmehr die Argumente vorgestellt, die für oder gegen eine Einführung des Instruments sprechen und derer sich die Akteure im Verlauf der Verhandlungen bedienten. Dabei wird kurz auf die wichtigsten Vorteile des Systems eingegangen, bevor die möglichen Gegenargumente aufgezählt und im Kontext der Thematik bewertet werden.

In der Einleitung wurde die politische Zielstellung insofern bereits angerissen, indem verdeutlicht wurde, dass der Status-quo der europäischen Energie- und Klimapolitik nicht zufriedenstellend ist. Insofern bedarf es bestimmter Maßnahmen zur Ausschöpfung des vorhandenen Einsparpotentials, um daran etwas zu verändern. Dass dies bislang nicht ausreichend geschehen ist, liegt vor allem an der Existenz von Markthindernissen, die der bestehende politische Rahmen nur unzureichend adressiert[58]. Die politische Legitimation von Energiesparsystemen ergibt sich da, wo die vorhandenen Instrumente zur Steigerung der Energieeffizienz versagen[59], die bestehenden Barrieren zur Erschließung von Einsparpotentialen zu beseitigen bzw. zu reduzieren[60]. Dafür ist eine „verlässliche, von öffentlichen Haushalten unabhängige Finanzierung zur Beseitigung der Hindernisse notwendig" (RAP 2011: 2). Dass solche Systeme dazu grundsätzlich in der Lage sind, zeigen

---

[58] „Die positiven Effekte von Energieeffizienz werden auf Grund von Marktbarrieren jedoch nicht in vollem Umfang und im erforderlichen Tempo realisiert. Um die Marktbarrieren zu überwinden und den gesellschaftlichen Nutzen zu erhöhen, ist eine intelligente, politische Rahmensetzung erforderlich" (DENEFF 2012a: 2).

[59] Dass die Einsparpotentiale auf der Nachfrageseite nicht ausgeschöpft werden, liegt vor allem an mangelndem Wettbewerb zwischen den Unternehmen und fehlenden Anreizen für die Durchführung von Energieeinsparungen im Endkundensegment (vgl. Bürger/Wiegmann 2007: 18).

[60] Zu den größten Marktbarrieren für Energieeffizienz gehören: Informations-und Wissensmangel, Finanzierungsmangel (hohes Investitionsvolumen, teils lange Amortisationszeiten), Fehlanreize (z.B. Mieter/Vermieter-Frage, Wer trägt die Kosten?), zusätzlicher Aufwand für Verbraucher, Berechnung von Transaktions- und externen Kosten, unkompensierte Vorteile für Allgemeinheit (vgl. Cowart/Gottstein 2011: 5).

die bereits implementierten Einsparmodelle in Europa (vgl. Anhang 1). Gerade im Vergleich zu anderen umwelt- und energiepolitischen Instrumenten fallen nur geringe Kosten für die Umsetzung von Einsparsystemen an, wie in Anhang 2 am dänischen Beispiel noch einmal verdeutlicht wird[61].

Durch den zuvor bereits angedeuteten marktwirtschaftlichen Charakter von Quotensystemen bleiben die Kosten für die öffentliche Hand überschaubar und fallen im Regelfall nur für die administrative Kontrolle der verpflichteten Akteure an[62]. Daran anschließend ergibt sich aus der Umsetzung des Instruments ein gesamtwirtschaftlicher Vorteil: die Energiekosten gehen für alle Beteiligten zurück. Langfristig hat sich im europäischen Vergleich gezeigt, das Einsparmaßnahmen für die verpflichteten Akteure mit der Zeit rentabler werden und der vom Verbraucher bezahlte Endenergiepreis durch das Mengensteuerungssystem nicht negativ beeinflusst wird (vgl. DENEFF 2012b: 6). Dem Verbraucher kommen auch die geringeren Systemkosten zugute, die durch die Einsparungen entstehen[63]. Die Vermeidung von zusätzlichen Kosten und der sinkende Energieverbrauch durch die implementierten Effizienzmaßnahmen führen insgesamt sogar dazu, dass die Energiekosten für den einzelnen Verbraucher sinken. Wenn das Einsparsystem relativ flexibel gestaltet ist und die Durchführung der unter die Quote fallenden Effizienzmaßnahmen durch nicht-verpflichtete Akteure (Dritte) erlaubt ist, entstehen signifikante Marktimpulse und der Wettbewerb zwischen den beteiligten Unternehmen steigt[64]. So wird entsprechend der Ausgestaltung des Systems der Effizienz- bzw. Energiedienstleistungsmarkt stimuliert, wodurch nachhaltige Arbeitsplätze entstehen. Mit den finan-

---

[61] In diesem Zusammenhang stellt der privatwirtschaftliche Verband der dänischen Energieunternehmen fest: „Experiences from the Danish energy efficiency obligation show that (…) implementing an obligation does practically not affect the national budget" (Danish Energy Association 2012: 1).

[62] Davon ausgenommen sind in das System integrierte bzw. damit verbundene Subventionen oder Steueranreize für die Marktteilnehmer.

[63] Darunter fallen vor allem nicht benötigte Netz-, Erzeuger- und Reservekapazitäten der Energieversorger, deren Kosten nicht auf den Verbraucher umgelagert werden müssen (vgl. DENFF 2012b: 5).

[64] Als beispielshaft soll an dieser Stelle wieder der Bericht des dänischen Energieverbandes zitiert werden, der für den dänischen Markt folgendes feststellt: „…Distribution System Operators (DSOs) are not allowed to implement savings themselves, they have to pass the implementation task on to third party companies. This has the implication that the energy companies generate a regulated steady cash flow for energy efficiency services and has kick started the energy service market in Denmark" (Danish Energy Association 2012: 1).

ziellen Einsparungen der staatlichen und privatwirtschaftlichen Akteure können Investitionen zur Reduzierung bestehender Markthindernisse für Energieeffizienz angeschoben und somit langfristig Energiekosten gesenkt werden.

Die Argumente die gegen die Einführung eines solchen Instruments vorgebracht werden, setzen bei der umweltpolitischen Kategorisierung des Lenkungsinstruments an, da ein Quotensystem ein zu erfüllendes Mengenziel für die verpflichteten Akteure impliziert[65]. Solche staatlichen Eingriffe in den freien Wettbewerbsmarkt würden sich kontraproduktiv auswirken und sind von markliberalen Befürwortern grundsätzlich zu verurteilen. Daher wird das Instrument von Gegnern als nicht-marktliberal oder nicht-marktorientiert bezeichnet (vgl. z.B. Positionspapier BDEW/BDI/DIHK 2012: 2). In diesem Kontext wird unterstellt, dass zum einen die Unternehmen und Verbraucher zum Energiesparen gezwungen werden und zum anderen die Verkaufsmenge für Energieunternehmen limitiert wird. Dadurch entstehen den verpflichteten Unternehmen Kosten, die diese auf die Verbraucher umlagern und somit höhere Energiepreise für den Endkunden generiert werden. Energieeinsparverpflichtungssysteme werden daher auch als planwirtschaftliche Instrumente bezeichnet, welche dezentral orientierte Energieunternehmen benachteiligen und vom Markt drängen (vgl. DENEFF 2012b: 4).

Eine weitere Konfliktlinie ergibt sich bei der Integration von Einsparquotensystemen in den bestehenden Instrumenten- bzw. Policymix eines Landes. Kritiker weisen in diesem Zusammenhang darauf hin, dass die Gefahr einer Doppel-und Mehrfachinstrumentierung bei der Einführung von Quotensystemen besteht[66] (vgl.

---

[65] Grundsätzlich soll an dieser Stelle noch einmal erwähnt werden, dass Einsparquotensysteme an sich ein „hartes „Command and Control"-Instrument" sind (Leprich/Schweiger 2007:33). Wichtige Vorteile des Quotensystems, wie Kosteneffizienz oder Wettbewerbssteigerung, kommen erst mit der Implementierung eines Zertifikathandels bzw. der Einbeziehung Dritter in das System zur Geltung. Diese formelle Unterscheidung spielt für die Gesamtbetrachtung des Instruments aber eher eine ungeordnete Rolle, da die flexible Gestaltung auch ein Merkmal des Systems ist und somit diese beiden Komponenten eher zusammen als getrennt betrachtet werden müssen.

[66] Dieser Kritikpunkt bezieht sich vor allem auf die Einsparmaßnahmen, die im Rahmen eines Instruments durchgeführt werden, aber zusätzlich in den Wirkungsbereich von anderen Energieeffizienzinstrumenten fallen und somit zu Überschneidungen (Doppel- oder Mehrfachanrechnungen) führen. In diesem Zusammenhang wird oft auf die zu erbringenden Verpflichtungen der Unternehmen im Rahmen des ETS hingewiesen. Demnach führen die Unternehmen bereits Energiesparmaßnahmen durch, um die CO2-Reduktionsziele des ETS zu

Schlomann 2012: 122). Die Analyse der durchgeführten Interviews hat zudem gezeigt, dass das Instrument gerade in den Ländern, in denen das System noch nicht implementiert ist, mit einer ausgeprägten Skepsis beurteilt wird. Die zuvor herausgearbeiteten Vorteile des Einsparsystems – wie z.B. der geringe Administrationsaufwand oder die marktorientierte Kostenallokation – werden von Vertretern großer Energiewirtschaftsverbände kritisch gesehen. In diesem Zusammenhang wird auf die nationalen Gegebenheiten der Energiemärkte hingewiesen, die einer flexiblen Umsetzung des Instruments im Wege stehen würden. Grundsätzlich hat sich in den Expertenbefragungen der Eindruck entwickelt, dass die Funktions- und Wirkungsweise solcher Systeme sehr eindimensional von den direkt betroffenen Akteuren der europäischen Energiewirtschaft beurteilt wird. Dafür scheint aber nicht nur das natürliche Interesse der Unternehmen verantwortlich gewesen zu sein, sich gegen staatliche Eingriffe und Reduktionsverpflichtungen zu wehren. Vielmehr sind die den Unternehmen entstehenden Vorteile durch solche Systeme – denn diese profitieren von einer Stimulierung der Energiedienstleitungsmärkte - nur unzureichende bekannt oder werden von diesen ignoriert, weil an dieser Stelle der Informationsaustausch zwischen den Verbänden bzw. Unternehmen und den Policy-Makern der EU scheinbar nur unzureichend stattgefunden hat. Es fehlt vor allem an einer konkreten Implementierungsstrategie, die die Vorbehalte gegen solche Systeme reduzieren könnte[67]. So stellt ein Vertreter der Energiewirtschaft im Rahmen eines Interview für diese Arbeit fest: „Eine aktive Information der Institutionen über diese Systeme hat es meiner Ansicht nach eigentlich nicht gegeben".

---

erreichen. Dies könnte zu Wechselwirkungen mit einem Einsparquotensystem führen, gerade wenn sich das Einsparziel auf CO2 bezieht.

[67] Solche Implementierungsstrategien werden von den Mitgliedstaaten im Regelfall erst nach der Verabschiedung einer Richtlinie entwickelt. Im Ausblick wird dazu kurz Stellung genommen. Trotzdem kann hier die Frage gestellt werden, ob es nicht sinnvoll für das Policyergebnis gewesen wäre, konkrete Umsetzungsvorschläge im Vorfeld gemeinsam mit den betreffenden Stakeholdern zu erarbeiten, um die Ressentiments gegen solche Systeme abzubauen.

4. Zielkorridor der europäischen Energieeffizienzpolitik

4.1. Problemfeld und Zielstellung

In diesem Kapitelpunkt soll die energiepolitische Problemstellung umrissen werden, in der die EER auf die politische Agenda gekommen ist. Dafür werden die Ziele der europäischen Energiepolitik vorgestellt und der bestehende Policymix zur Ausschöpfung der Energieeffizienzpotentiale analysiert, um auf mögliche Defizite hinzuweisen.

Der Aufstieg der Entwicklungs- und Schwellenländer und der damit verbundene weltweite Bevölkerungsanstieg treibt die Nachfrage nach fossilen Energieträgern in die Höhe. Zugleich wird die Endlichkeit der konventionellen Energieträger spürbar, von denen die Volkswirtschaften der EU nach wie vor höchst abhängig sind[68]. Zusammen mit der globalen Erderwärmung und der Notwendigkeit, den CO_2-Ausstoß zu reduzieren, ergibt sich das energiepolitische Problemfeld, in welchem die EU folgende zentrale Herausforderungen adressieren muss: Nachhaltigkeit, Versorgungssicherheit und Wettbewerbsfähigkeit (AEUV Artikel 194).

Die Bestrebung, diese Erfordernisse mit einer gemeinsamen und integrierten Energie- und Klimapolitik zu lösen - deren Schlüsselelement die Ausschöpfung des wirtschaftlichen Energieeffizienzpotentials ist - besteht mindestens seit einem informellen Treffen des Europäischen Rats 2005 (vgl. Geden/Fischer 2008: 30):

> „Die nachhaltige Ausschöpfung des Potenzials zur Steigerung der Energieeffizienz in der EU ist ein Schlüsselelement der Energiepolitik der Gemeinschaft. Dies ist bei Weitem die wirksamste Art und Weise, gleichzeitig die Sicherheit der Energieversorgung zu erhöhen, die Kohlenstoffemissionen zu verringern, die Wettbewerbsfähigkeit zu verbessern und die Entwicklung eines großen, zukunftsorientierten Marktes für energieeffiziente Technologien und Produkte zu fördern" (KOM (2006) 545: 3).

---

[68] Ungeachtet aller Maßnahmen für eine nachhaltigere Klima- und Umweltpolitik, wird der globale Energieverbrauch zwischen 2010 und 2035 um ein Drittel ansteigen. In dieser Periode wächst die Weltbevölkerung um 1,7 Mrd. Menschen. Dabei entfallen zwischen 2010 und 2035 über 90 % des Bevölkerungswachstums, 70 % des Wirtschaftwachstums und 90 % des zusätzlichen Energieverbrauchs auf die Nicht-OECD-Länder (IEA 2011: 4). Daher ist mit starken Preissteigerungen für fossile Energieträger zu rechnen. Die KOM geht folglich davon aus, dass die Abhängigkeit der Union von Energieimporten in den nächsten 20 Jahren auf bis zu 70 % steigen könnte. Zusätzlich sind große Investitionen in die Energieinfrastruktur und mehr Wettbewerb notwendig, um einen gemeinsamen europäischen Energiebinnenmarkt zu schaffen und bezahlbare Energiepreise zu gewährleisten (vgl. KOM (2006) 105: 3-4).

Infolgedessen formulierte die KOM ein Grünbuch (KOM (2006) 105) über die Zukunft der europäischen Energiepolitik und legte im Januar 2007 ein umfangreiches Energie- und Klimapaket vor (KOM (2007) 1). Aufbauend auf diesen Dokumenten beschlossen im März 2007 die europäischen Staats- und Regierungschefs bei einem Gipfeltreffen des Europäischen Rats - unter deutscher Ratspräsidentschaft - die Umsetzung einer ambitionierten europäischen Energiestrategie mit festen Vorgaben (vgl. Rat 2007: 13-14). Der sogenannte „20-20-20 Beschluss" beinhaltete folgende Ziele für das Jahr 2020:

> Senkung der Treibhausgasemissionen um 20 % gegenüber dem Stand von 1990, Steigerung des Anteils erneuerbarer Energien auf 20 % am Gesamtenergieverbrauch und die Erhöhung der Energieeffizienz gegenüber den Prognosen der Energienutzung für 2020 um 20 % (Ebd.: Anlage 1).

Während die ersten beiden Ziele verbindlich festgelegt wurden, ist das Effizienzziel von 20 % vertraglich nicht fest fixiert. Für die Einhaltung der Zielvorgaben wurde der „Energieaktionsplan 2007-2009" (vgl. ebd.) beigefügt, der die Umsetzung entsprechender Maßnahmen gewährleisten sollte[69].

Das „20%-Ziel" für Energieeffizienz, an dem sich alle weiteren Energiesparmaßnahmen einschließlich der EER orientieren sollten, beruht auf den Berechnungen des Effizienz-Grünbuchs der KOM von 2005 (KOM (2005) 265)[70] und dem daraus entstandenen Aktionsplan für Energieeffizienz (KOM (2006) 545)[71]. Das „20 %-

---

[69] Dabei bezieht sich der Rat auf die Umsetzung der vorrangigen Maßnahmen, die in den Schlussfolgerungen des Rats zum Aktionsplan der KOM für Energieeffizienz (KOM (2006) 545) vom 23. November 2006 genannt sind: Steigerung der Energieeffizienz im Verkehr, dynamische Mindestanforderungen für die Energieeffizienz von energiebetriebenen Geräten, Verbesserung des Verhaltens der Energieverbraucher hinsichtlich Energieeffizienz und Energieeinsparung, Innovation und Technologie im Energiebereich und Energieeinsparungen bei Gebäuden (Rat 2006: 8).

[70] Das Grünbuch beruft sich u.a. auf eine Studie des Wuppertal Institut „The mid-term potential for demand-side energy efficiency in the EU", wonach die Energieeffizienz der EU bis 2020 um 29 % erhöht werden könnte (vgl. KOM (2005) 265: 4).

[71] „Dennoch verschwendet Europa nach wie vor mindestens 20 % seiner Energie durch ineffiziente Nutzung. Die unmittelbaren Kosten unserer Unfähigkeit, Energie effizient zu nutzen, werden bis 2020 eine Höhe von jährlich über 100 Milliarden Euro erreichen. (…) Die Ausschöpfung des für den Zeithorizont 2020 bestehenden Einsparpotenzials von 20 % entsprechend etwa 390 MTÖ ist mit großen energiewirtschaftlichen und ökologischen Vorteilen verbunden. Die Kohlendioxidemissionen würden gegenüber dem Basisszenario um 780 Mio. t CO2 zurückgehen – das ist mehr als das Doppelte der Verringerung, zu der die EU sich im Kyoto-Protokoll bis 2012 verpflichtet hat. Der Zusatzaufwand für Investitionen in effizientere innovative Tech-

Ziel" wurde auf Grundlage der in Tabelle 2 dargestellten Schätzungen für Einsparpotentiale in Endverbrauchssektoren formuliert, welches umgerechnet einer jährlichen Einsparung von 1,5 % am Primärenergieverbrauch entspricht[72]. Dabei identifizierte die KOM die größten Einsparpotentiale im Gebäudesektor, sowohl bei Wohngebäuden (Haushalte) als auch bei gewerblichen genutzten Gebäuden (vgl. Tabelle 2). Dies schließt sowohl Effizienzmaßnahmen für das Gebäude an sich, wie z.B. Isolierung oder effizientere Heizanlagen, als auch den Verbraucher selbst und sein Verhalten mit ein, wenn dieser z.B. effizientere Geräte im Haushalt benutzen könnte. Das hohe Einsparpotential in diesem Sektor liegt zum einen darin begründet, das Gebäude in der EU für ca. 40 % des Gesamtenergieverbrauchs und 36 % der CO_2-Emissionen verantwortlich sind (vgl. z.B.: KOM (2008) 772: 9). Und zum anderen können durch relativ einfache Maßnahmen, wie z.B. Einsparlampen oder Verhaltensumstellung, wirkungsvolle Einspareffekte erzielt und die vorhandenen Potentiale kosteneffizient ausgeschöpft werden.

Zu den für die Zielerfüllung benötigten Maßnahmen regt die KOM u.a. die Evaluierung eines Weißen Zertifikate-Modells an (vgl. (KOM (2005) 265: 32 und KOM (2006) 545: 24). Das bedeutet, dass die KOM bereits seit diesem Zeitpunkt die Einführung solcher Systeme geprüft bzw. beobachtet hat. Dieses Vorhaben ist dann verstärkt in die 2006 erlassene Richtlinie über Endenergieeffizienz und Energiedienstleistungen eingeflossen (RL 2006/32/EG). Mit dem Gesetzeserlass sollten in jedem Mitgliedstaat zwischen 2008 und 2017 mind. 9 % des Energieverbrauchs eingespart werden[73]. Dabei behielt sich die KOM vor, im Zuge der Auswertung der nationalen Energieeffizienzpläne, eine Richtlinie für die Umsetzung eines Zertifi-

---

nologien wird durch Primärenergieeinsparungen im Wert von über 100 Mio. Euro jährlich mehr aus aufgewogen" (KOM (2006) 545: 3).

[72] Die 1,5 % jährlich oder insgesamt 20 % sind **zusätzlich** zu den zu erwartenden Einsparungen durch Preiseffekte, strukturelle Veränderungen der Wirtschaft, Modernisierung von Technologien und den bereits durchgeführten Maßnahmen zu sehen. Diese bei unveränderten Rahmenbedingungen eintretenden Einsparungen führen zu einer Verringerung der Energieintensität um 1,8 % jährlich und wurden bei den Schätzungen in Tab. 2 berücksichtigt. Insgesamt würde sich also die Energieintensität der EU um 3,3 % jährlich verringern, wenn das 20 % Ziel erfüllt werden könnte (vgl. KOM(2006) 545: 6-8).

[73] Da das Einsparziel aber nicht rechtsverbindlich festgeschrieben wurde, zeigten auch die für die Zielerfüllung zu erstellenden nationalen Energieeffizienz-Aktionspläne nur wenig Wirkung (vgl. Geden/Fischer 2008: 103).

katesystems vorzuschlagen (vgl. ebd.: 6)[74]. Des Weiteren wird den Mitgliedstaaten die Möglichkeit eingeräumt, Energieverteiler und Verteilernetzbetreiber oder Energieeinzelhandelsunternehmen auszuwählen, um über Einsparzertifikate die Förderung von Energiedienstleistungen im Endkundenbereich zu verbessern (vgl. ebd.: 7). Dies stellt gewissermaßen eine Vorstufe zu einem Einsparquotensystem dar, allerdings auf freiwilliger Basis und ohne feste Einsparziele bzw. verpflichtete Akteure.

Tabelle 2: Gesamtpotential für Energieeinsparungen in Endverbrauchssektoren

Wirtschaftszweig	Energieverbrauch (Mio. t RöE) 2005	Energieverbrauch (Mio. t RöE) 2020 (bei „Buisness as usual")	Energieeinsparpotential 2020 (Mio.t RöE)	Energieeinsparpotential 2020 insgesamt (%)
Haushalte	280	338	91	27 %
Geschäftsgebäude (Dienstleistungssektor)	157	211	63	30 %
Verkehr	332	405	105	26 %
Verarbeitende Industrie	297	382	95	25 %

Quelle: KOM (2006) 545: Mitteilung der Kommission: Aktionsplan für Energieeffizienz. Das Potenzial ausschöpfen, Brüssel, Stand 1.2.2013, (http://eur-lex.europa.eu/LexUriServ/ LexUriServ.do?uri=COM:2006 :0545:FIN:DE:PDF), S. 7.

Im Kontext der unverbindlichen Beschlüsse in puncto Energieeffizienz und der damit verbundenen unzureichenden Umsetzung der Einsparmaßnahmen, veröffentlichte die KOM 2008 eine Mitteilung, die die Erfüllung des 20 % Ziels in Frage stellte (vgl. KOM (2008) 772: 5). Dabei wurde insbesondere darauf aufmerksam

---

[74] „Nach Überprüfung und entsprechender Berichterstattung über die ersten drei Jahre der Anwendung dieser Richtlinie prüft die Kommission, ob ein Vorschlag für eine Richtlinie vorgelegt werden sollte, um das Marktkonzept der Energieeffizienzverbesserung durch „Einsparzertifikate" weiter zu entwickeln" (RL 2006/32/EG: 6).

gemacht, dass der vorhandene Maßnahmenkatalog nicht ausreichend ist, selbst wenn die Mitgliedstaaten diesen ordnungsgemäß erfüllen würden. Bei einer Beibehaltung des Status-quo wären bis 2020 nur 13 % der Energieeinsparungen zu erreichen. Des Weiteren wird das defizitäre Ausschöpfen der Effizienzpotentiale im Haushaltsektor bemängelt[75]. Dafür sind nach Ansicht der KOM neben einem unzureichenden Zugang zu Finanzierungsmöglichkeiten auch fehlendes Wissen bzw. Bewusstsein über die Vorteile von Energieeinsparungen verantwortlich (vgl. ebd.: 17). Demnach ist seit Ende 2008 bekannt, dass die EU ihr selbstgestecktes Effizienzziel bei einer „business-as-usual"-Strategie nicht erfüllen wird und alternative Instrumente und Maßnahmen einführen muss.

Dass die EU trotz dieser Hindernisse und der zusätzlichen Belastung durch die Finanz- und Schuldenkrise nicht von ihren Zielvorgaben abrücken würde, bekräftigte diese in ihrer Wachstumsstrategie „Europa 2020" (vgl. KOM (2010) 2020: 13). Mit der „Leitinitiative Ressourcenschonendes Europa" bekannte sich die KOM beispielsweise explizit dazu, einen Rahmen für die Entwicklung und Implementierung marktorientierter Umweltinstrumente zu schaffen (vgl. ebd.: 18). Daran anknüpfend verpflichtete sich die Union in der Strategie „Energie 2020", die Steigerung der Energieeffizienz zu ihrem Schwerpunkt zu machen (vgl. KOM (2010) 639: 6). In dieser neuen Effizienzinitiative wird das Modell eines Einsparquotensystems bereits angerissen, wenn die Rede von Einsparzielen für die Industrie und der Schaffung eines Energieeffizienzmarktes[76] ist (vgl. ebd.: 8)[77]. Ferner verweist das Dokument auf den Energieeffizienzplan 2011, der zeitnah konkrete Maßnahmen zur Erfüllung des „20 %-Ziels" vorschlagen soll.

---

[75] Durch Energieeffizienzmaßnahmen der EU und den normalen Einsparungen im Zuge des technischen Fortschritts konnten zwischen 1997 und 2006 11 % des Energieverbrauchs eingespart werden. Dabei wurden vor allem Maßnahmen im Industriesektor durchgeführt (24 % Einsparungen im genannten Zeitraum). Im Haushalts- und Verkehrssektor lag die Einsparquote nur bei 9 % (vgl. KOM (2008) 772: 7-8).

[76] Die Energiemärkte der EU, z.B. der Strommarkt, sind charakterisiert von Wettbewerbsmangel und von teilweise regulierten Energiepreisen (vgl. KOM (2010) 639: 10).

[77] Zur Stärkung der Effizienz in der Energieversorgung schlägt die KOM folgende Maßnahme vor: „Von Verteiler- und Versorgungsunternehmen (Einzelhandel) sollte verlangt werden, dass sie dokumentierte Energieeinsparungen von ihnen belieferter Verbraucher sicherstellen, z.B. mittels Energiedienstleistungen Dritter, spezieller Instrumente wie „weiße Zertifikate", Abgaben o.ä. und dass sie die Einführung innovativer Instrumente wie „intelligenter Zähler", die verbraucherorientier und nutzerfreundlich sind und den Verbrauchern so echte Vorteile bringen, beschleunigen" (Ebd.: 9).

Dieser Plan, der nach Aufforderung des Europäischen Rats erstellt wurde (vgl. Rat 2011b: 3), bezieht sich u.a. auf den Initiativbericht zur Energieeffizienz des EP (vgl. EP 2010)[78]. Ihrem Auftrag kommt die KOM insofern nach, als dass der Plan innovative und konkrete Instrumente nennt, mit denen die Effizienzvorgaben noch rechtzeitig zu schaffen sind. Für alle Mitgliedstaaten wird eine zügige Implementierung eines nationalen Einsparquotensystems angeregt, wodurch bis 2020 Einsparungen von bis zu 100 Mio. t RÖE zu erzielen wären (vgl. KOM (2011): 109: 11). Der Vorschlag wird damit begründet, dass Effizienzmaßnahmen durch den Markt entsprechend aufgewertet werden müssen[79]. An dieser Stelle wird auf die bereits etablierten Systeme in einigen europäischen Staaten verwiesen und deren positive Auswirkungen auf die Reduzierung des Energiebedarfs betont[80].

Im Begleitdokument zum Energieeffizienzplan 2011 wird die dem Plan zugrunde liegende Problemstellung zusammengefasst und die möglichen Lösungsoptionen vorgestellt (vgl. SEC (2011) 277). Dabei gehen die bisher vorgestellten Annahmen mit der Argumentation der KOM einher, wenn zum einen die Missstände bei Erfüllung des „20 %-Ziels" in den Vordergrund gestellt[81] und zum anderen die bestehenden Marktbarrieren für Energieeffizienz dafür verantwortlich gemacht wer-

---

[78] In dem Bericht des ITRE-Ausschusses wird auf die Notwendigkeit von Anreizen für Energieeinsparungen hingewiesen. Der Ausschuss fordert die KOM dazu auf, in ihrem Energieeffizienzplan die Rolle von Energieunternehmen für die Förderung von Effizienzmaßnahmen im Endkundenbereich zu prüfen. Dafür soll die KOM u.a. die Implementierung eines „Weißen Zertifikate-Modells" für die Mitgliedstaaten vorschlagen (vgl. EP 2010: 24).

[79] „Eine Voraussetzung für ein energieeffizientes Europa ist die, dass Energieeinsparungen durch Marktmechanismen einen finanziellen Wert bekommen. Es sind daher Instrumente notwendig, die Energieeinsparungen mit einem finanziellen Wert versehen und die Gewinne von Versorgungsunternehmen (Lieferanten oder Verteiler) an die Energieeffizienz statt an die Energieliefermengen koppeln (KOM (2011) 109: 11).

[80] Die KOM geht von Endenergieeinsparungen von bis zu 6 % in den betreffenden Mitgliedstaaten durch Verpflichtungssysteme aus und beruft sich dabei auf die Studie „Study to Support the Impact Assessment for EU Energy Saving Action Plan" von Ecorys, Ecofys und BioIntelligence (vgl. ebd.).

[81] „Die EU kommt jedoch bei der vollständigen Umsetzung dieser kostenwirksamen Energieeinsparungen nicht gut voran. Das Energieeffizienzszenario von PRIMES 2009 zeigt eine Trendwende beim ständig zunehmenden Energiebedarf, aber der Verbrauchsrückgang gegenüber früheren Prognosen wird bis 2020 bei nur 9 % liegen. Falls die EU ihre Anstrengungen im Bereich Energieeffizienz also nicht verdoppelt, wird sie ihr 20 %-Ziel nicht erreichen und den damit verbundenen Nutzen für Wirtschaft, Gesellschaft und Umwelt nicht verwirklichen können" (SEK (2011) 280: 2).

den[82]. Des Weiteren legt die KOM fest, dass die Einsparungen über einen „umfassenden politischen Rahmen auf Ebene der Mitgliedstaaten (einschließlich Zielsetzungen)" erzielt werden sollen (SEK (2011) 280: 4). Die EU agiert in diesem Fall nur im Hintergrund, indem sie die Nationalstaaten durch die Entwicklung politischer Instrumente, wie z.B. Richtlinien oder Studien zur Umsetzung von Einsparsystemen, unterstützt[83].

Bei der konkreten Analyse der möglichen Lösungsoptionen[84] differenzierte die KOM zunächst nach Sektoren, unterschieden nach Gebäude- und Dienstleistungen, Verkehr, Industrie und Energie (vgl. ebd.). Die Beurteilung und Auswahl der Instrumente erfolgte dann nach „den Fortschritten, die mit den bestehenden Maßnahmen erzielt wurden, sowie auf der Evaluierung der verbleibenden Hindernisse, dem Zusatznutzen für die EU, den möglichen Auswirkungen sowie der Wirksamkeit, Effizienz und Kohärenz" (Ebd.: 4-5). Hervorzuheben ist hierbei, dass in allen genannten Sektoren mit Ausnahme des Verkehrssektors, für den aufgrund eines zeitnah erstellten Weißbuches keine Optionen geprüft wurden, das Instrument der Einsparverpflichtung als adäquate Lösung beurteilt wurde. Sowohl für die von öffentlichen Haushalten unabhängige Stimulierung von Energieeffizienzinvestitionen im Gebäude- und Dienstleistungssektor, als auch für konkrete Energieeinsparungen durch Maßnahmen im Industriesektor sowie für Anreize im Energiesektor, werden solche Systeme als nützlich und zielführend gewertet (vgl. ebd.: 5-7).

Auch im Kontext der perspektivischen Ziele der EU, vor allem den Fahrplänen zu einer C02-armen Wirtschaft sowie für Energie bis 2050, ist die Erfüllung des 20 %-Effizienzziels zentral (KOM (2011) 885 und KOM (2011) 112). Dabei hat sich die EU dafür ausgesprochen, sehr hohe Energieeinsparungen in einem langfristigen Zeitrahmen zu vollziehen und ihren primären Fokus auf Energieeffizienz zu rich-

---

[82] „Gründe für die unzureichenden Fortschritte sind Marktversagen (beispielsweise unzureichende Preissignale, divergierende Anreize, asymmetrische Informationen, fehlende oder unvollständige Märkte und hohe Anfangskosten) und mangelnde Regulierung (etwa Fehlen eines umfassenden politischen Rahmens, mangelhafte Durchsetzung und geringe Ambitionen" (Ebd.)

[83] Alternativ zu diesem Vorgehen wären zwei weitere Optionen möglich gewesen. Zum einen hätte die EU feste und verbindliche Ziele formulieren können, die die Mitgliedstaaten durch ihren eigenen Instrumentenmix erreichen. Zum anderen bestünde für die EU die Option, auf feste Zielstellungen zu verzichten und über festgelegte Instrumente die Staaten zu verpflichten, entsprechende Einsparungen zu erzielen (vgl. ebd.: 4).

[84] Dabei wurden im Prinzip alle relevanten Instrumententypen berücksichtigt, darunter „freiwillige Maßnahmen, Regulierung, Finanzierung, Aufklärung und Schulung" (Ebd.).

ten, um die Treibhausgasemissionen der EU bis 2050 um 80-95 % gegenüber dem Stand von 1990 zu reduzieren (vgl. KOM (2011) 885: 2 und 10).

4.2. Hintergrund: Europäisches Agenda-Setting und Politikformulierung

Im vorherigen Abschnitt wurde herausgestellt, dass die der EER zugrunde liegende Problemstellung nicht neu ist und die darin verankerten Lösungsoptionen kontinuierlich wahrgenommen und evaluiert wurden. Bei diesem Entwicklungsprozess fällt auf, dass die KOM vom Input verschiedener Stakeholder[85] unterstützt worden ist. Im Folgenden sollen daher die wichtigsten Akteure herausgearbeitet werden, die Einfluss auf das Agenda-Setting und die Politikformulierung von Einsparsystemen hatten und welche Effekte auf EU-Ebene dadurch bezweckt wurden.

Dabei spielen vor allem zwei direkt mit der KOM verbundene Akteure eine Rolle: die Generaldirektion Energie (DG ENER) und die Generaldirektion des Joint Research Center für Erneuerbare Energien (JRC). Letztere hat mit wegweisenden Studien von Paolo Bertoldi und Silvia Rezessy die Etablierung von Einsparquotensystemen auf der politische Agenda forciert (vgl. z.B.: Bertoldi/ Rezessy 2006 und 2009). Gerade die jüngste Studie von 2009 zur Implementierung bestehender Systeme in Europa fand Einklang in die Überlegungen der KOM bei der Erstellung des Energieeffizienzplans (vgl. SEC (2011) 277: 57). Bertoldi stellt dabei eine Verbindung zwischen der energiepoltischen Problemstellung und den Ausgestaltungsmerkmalen von Verpflichtungssystemen her. Zum einen wird aufbauend auf den Erfahrungen mit den bereits etablierten Systemen betont, dass durch solche Instrumente gerade beim Endkunden und dem damit verbundenen Gebäudesektor Einsparpotentiale erschlossen werden können (vgl. Bertoldi/ Rezessy 2009: 47). Eine solche Adressierung kommt der KOM insofern entgegen, als dass dieser Sektor der zentrale Bestandteil für die Berechnung des „20 %-Ziels" war und somit durch Po-

---

[85] Für die Erstellung des Energieeffizienzplans 2011 wurden verschiedene Konsultationen durchgeführt, um ein möglichst breites Feld an Interessen und Informationen zu berücksichtigen. Der Austausch mit den Mitgliedstaaten fand vor allem während des Bukarest-Forums von 2009 und 2010 sowie bei Treffen des Informellen Energieministerrats in Are 2009 und der Generaldirektoren für Energie in 2009 und 2010 statt. Daneben konnten andere Akteure ihren Input, vor allem auf den Europäischen Nachhaltigkeitswochen von 2009 und 2010 sowie durch bilaterale Gespräche und Treffen, in den Entwurf einfließen lassen. Damit alle betreffenden Parteien zu Wort kommen konnten, führte die KOM 2009 auch eine Onlinekonsultation durch, bei der ca. 239 Beiträge eingereicht wurden (vgl. SEC (2011) 277: 5).

litikinstrumente fokussiert werden muss (vgl. Tabelle 2). Zum anderen hebt die Studie besonders die Vorteile der Einbindung von Energieunternehmen in das Verpflichtungssystem hervor. Denn im Kontext der gewünschten Steuerung des Instruments können solche Unternehmen durch ihren Kundenkontakt eine wichtige Rolle einnehmen. So führt Bertoldi aus, dass dort neben den Kundendaten auch die nötigen Ressourcen und das notwendige „Know-How" vorhanden ist, um die Einsparpotentiale effektiv auszuschöpfen (vgl. ebd.: 46). Dadurch können bestehende Marktbarrieren abgebaut werden, indem Energieunternehmen durch Beratung, Durchführung und Finanzierung von Energieeinsparmaßnahmen den Endkunden unterstützen.

Des Weiteren spezifiziert Bertoldi insofern, als dass die Evaluierung der unterschiedlichen europäischen Einsparsysteme zu einer Empfehlung bestimmter Ausgestaltungsoptionen führt, ohne dabei einen „Best-Practice"-Anspruch zu erheben. Dazu zählen folgende Merkmale[86]: Endenergie als Bezugsgröße des Einsparziels, Bevorzugung von Maßnahmen auf der Nachfrageseite gegenüber der Angebotsseite (Versorgung, Netzwerk), entsprechend hohe Abdeckung des Endenergieverbrauchs durch verpflichtete Akteure, Ausschluss kleinerer Marktteilnehmer aus der Verpflichtung, keine Reglementierung der Einsparmaßnahmen nach Endenergiesektoren sowie Energieträgern oder Akteuren, Verwendung von Standardmaßnahmen mit festen Einsparwerten plus innovative Einzelmaßnahmen, Gewährleitung der Kostenerstattung für verpflichtete Akteure z.B. durch Weitergabe der Kosten an Endverbraucher, Zulassung von Zertifikaten und Handel auf freiwilliger Basis auf einem gemeinsamen europäischen Zertifikatemarkt[87] (vgl. ebd.: 47-48 und 56).

Zusammenfassend spricht sich die Studie für die Einführung eines europäischen Legislativrahmens zur Umsetzung nationaler Verpflichtungssysteme für Energieverteiler- oder versorger aus[88]. Dadurch werden insgesamt erhebliche Impulse für

---

[86] Zum Verständnis der einzelnen Merkmale bietet Kapitel 3.2. einen entsprechenden Überblick.

[87] Der Handel mit Zertifikaten trägt bei einem entsprechend hohem Einsparziel zur Kosteneffizienz des Instruments bei. Bei einer weiten Systemgestaltung – im Sinne der sektoralen Abdeckung, zugelassener Maßnahmen und der Beteiligung Dritter – empfiehlt sich grundsätzlich die Einführung eines Handelsmechanismus (vgl. Bertoldi/ Rezessy 2009: 47-48).

[88] Alternativ dazu wäre die Einführung eines europäischen Verpflichtungssystems möglich, welches ein Gesamteinsparziel für die EU festsetzt und dann nach Mitgliedstaaten entsprechend aufteilt. Die verpflichteten Akteure könnten demnach europaweit Maßnahmen durchführen, um ihr Ziel zu erfüllen. Eine solche Umsetzung würde allerdings ein sehr hohes

den Energieeffizienzmarkt erwartet, die darüber hinaus durch die gesetzlichen Anreize zur Energieeinsparung zu einer effizienteren Geschäftspolitik der Energieversorger führen. Die zusätzliche Einführung eines europäischen Zertifikatesystems würde laut Studie die Anzahl der Marktteilnehmer wesentlich erhöhen, was zu einer entsprechenden Liquidität und geringeren Marktmacht der verpflichteten Akteure führen würde und somit eine kosteneffizientere Umsetzung ermöglicht (vgl. ebd.: 39-40). In diesem Kontext weist Bertoldi auch auf die Gefahr einer möglichen Doppelanrechnung mit den Zertifikaten des ETS oder anderer Politikinstrumente hin.

Die DG ENER ist für den energiepoltischen Input innerhalb der KOM verantwortlich und somit direkt an der Formulierung und Erarbeitung von Gesetzesinitiativen beteiligt. Um zu verstehen, auf welche Grundlage die KOM ihren Vorschlag zur EER gestützt hat, soll im Folgenden die durch die DG ENER verfasste Folgeabschätzung der Gesetzesnovelle analysiert werden. In solch einem Dokument werden explizit die Ursachen für den Bedarf einer Veränderung des bestehenden rechtlichen Rahmens erläutert und die darin verankerten Politikoptionen evaluiert sowie den möglichen Alternativen vergleichend gegenübergestellt. Die für die Richtlinie erstellte Folgeabschätzung hebt den politischen Zielkorridor hervor und benennt die bereits umgesetzten Legislativverordnungen[89]. Des Weiteren wird auf die im Energieeffizienzplan 2011 vorgeschlagenen Maßnahmen verwiesen[90], welche durch die EU gesetzlich adressiert werden müssen. Insbesondere die beiden Richtlinien zur

---

Maß an Marktharmonisierung bedeuten und erscheint momentan eher unrealistisch (vgl. ebd.: 39-40).

[89] „The Energy Efficiency Action Plan (EEAP) of 2006, endorsed at the Spring 2007 European Council, was an important first step towards reaching the 20% objective. The Plan contained 85 policy measures, together forecast to permit about a 14% reduction by 2020. A good deal of work has been done to implement the plan, including via implementation of the Energy Services Directive of 2006 (the ESD) and the Co-generation Directive of 2004 (the CHP Directive); revision of the Ecodesign Directive, the Energy Performance of Buildings Directive and the Energy Labelling Directive (adopted in 2009-2010); and the development of the Energy Efficiency Plan 2011 (adopted in 2011)" (SEC (2011b) 779: 5).

[90] „These include the setting of clear political objectives; development of the energy services market; increasing the role of the public sector; improving consumers' awareness of their energy consumption; and increased efficiency in energy supply" (Ebd.).

Endenergieeffizienz und Kraft-Wärme-Kopplung[91] (RL 2006/32/EG und RL 2004/8/EG), die durch die EER ersetzt werden sollen, werden als zu schwach und zu unverbindlich angesehen, um die bestehenden Marktbarrieren[92] zu überwinden (vgl. SEC (2011a) 779: 11). Selbst wenn die Mitgliedstaaten die geforderten Einsparungen der Endenergieeffizienzrichtlinie von 9 % bis 2016 erfüllen und sogar übertreffen sollten, wovon momentan auszugehen ist, führen diese Maßnahmen nur zu einer Reduktion des Primärenergiebedarfs von 50-95 Mio. t RÖE bis 2020[93]. Neben den Defiziten des indikativen Einsparziels (RL 2006/32/EG: Art. 4) ist im Kontext der notwendigen Veränderungen durch die Novellierung der Endenergierichtlinie vor allem die unterrepräsentierte Rolle der Energieunternehmen zu nennen. Da der Regulierungsgrad niedrig und der Gesetzestext unpräzise seitens möglicher zu erbringender Zielvorgaben für Energieversorger ist, besitzt der entsprechende Artikel nur einen geringen Effekt auf die Generierung von Einspareffekten (vgl. ebd.: Art. 6). Die Autoren der Folgeabschätzung heben in diesem Zusammenhang hervor: „In no case has implementation led to the energy service market becoming well developed in a Member State where this was not previously the case" (Ebd.: 12).

Die genannten Punkte sind insofern von Bedeutung, weil diese neben anderen Maßnahmen[94] zu den zentralen Bestandteilen gehören, die durch die neue EER adressiert werden müssen. Die DG ENER kommt in Ihrer Analyse über den bestehenden Rechtsrahmen daher zu der Schlussfolgerung, dass die beiden Richtlinien

---

[91] Die Defizite im Kontext des 2020-Ziels dieser Richtlinie sollen im Folgenden nicht weiter betrachtet werden, da die Auswirkungen auf Einsparverpflichtungssysteme eher unbedeutend sind.

[92] Vgl. dazu Kapitel 2.3.

[93] Dies liegt auch daran, dass sich das Einsparziel der Richtlinie auf Endenergie bezieht, welches über einen langen Zeitraum von 9 Jahren relativ zu einer fünfjährigen Referenzperiode zu erbringen ist. Dazu können sich die Mitgliedstaaten auch Einsparmaßnahmen anrechnen lassen, die bis in das Jahr 1991 zurückreichen. Dies führt zusammen mit den nationalen Harmonisierungsunterschieden bei der Anrechnung nicht zwangsläufig zur Reduktion des Primärenergieverbrauchs (vgl. SEC (2011a) 779: 11).

[94] Andere bisher unzureichend adressierte Faktoren zur Energieeffizienzsteigerung in der bestehenden Endenergieeffizienzrichtlinie sind z.B. die Vorbildrolle des öffentlichen Sektors (Art. 5), Informationsversorgung (Art. 7, 8 und 12), Entfernung von Fehlanreizen (Art. 9, 10), Finanzierung (Art. 11) sowie Messung und Abrechnung von Einsparmaßnahmen (Art. 13) (vgl. ebd.: 11-12).

für die Erfüllung des Einsparziels bis 2020 ungeeignet sind und somit novelliert werden müssen[95].

Dafür schlägt die DG ENER mit dem Hinweis auf die beschriebene Bertoldi-Studie das Instrument einer Energieeinsparverpflichtung vor. Bezogen auf Art. 6 der Endenergieeffizienzrichtlinie werden insgesamt 4 Szenarien[96] geprüft, an deren Ende sich eindeutig für die verpflichtende Einführung eines Einsparsystems mit nationaler Ausgestaltungsfreiheit ausgesprochen wird (vgl. SEC (2011a) 779: 19).

Diese Option kommt zum einen der differenzierten Struktur der einzelnen Energiedienstleistungsmärkte entgegen und berücksichtigt zugleich die unterschiedlich ausschöpfbaren Energieeffizienzpotentiale der Mitgliedstaaten. Damit schließt sich die DG ENER den Empfehlungen der Bertoldi-Studie[97] an, besonders wenn von einer umfassenden europäischen Harmonisierung der Einsparverpflichtung abgesehen wird[98]. Denn ein zu hohes Maß an Integration, bspw. durch die Einführung eines europäischen Zertifikatemarkts, könnte das Gleichgewicht zwischen den lokalen Effekten und den Kosten von Einsparmaßnahmen verschieben[99]. Für die Höhe

---

[95] Diese Ansicht deckt sich auch mit den Ergebnissen der Evaluierung der Nationalen Energieeffizienzaktionspläne sowie einer Studie, die im Rahmen des Bukarester Forums veröffentlicht wurde. Zusätzlich bestand in diesem Punkt auch Einigkeit mit den Mitgliedstaaten (vgl. ebd.: 13).

[96] Beibehaltung des aktuellen Status-quo von Art. 6, ersatzlose Aufhebung des Artikels, verpflichtende Einführung von Einsparsystemen mit freier Ausgestaltungswahl für Mitgliedstaaten und verpflichtende Einführung von Einsparsystemen mit harmonisierten Ausgestaltungsmerkmalen für Mitgliedstaaten (vgl. ebd.: 19).

[97] In ihrer Begründung für ein europäisches Einsparsystem zitiert die KOM im Anhang ihrer Folgeabschätzung die vorgestellte Bertoldi-Studie: „Economies of learning, increased market liquidity, reduced risk of market power and cost effectiveness for obliged parties in meeting their targets are the main rationales of establishing a Community-wide scheme" (SEC (2011b) 779: 26 und Bertoldi/ Rezessy 2009: 39).

[98] „Developing a harmonised European saving obligation would lead to extra administrative burden and costs for the Member States that have introduced saving obligations, as they would need to change some or all of their administrative models to the harmonised EU scheme. In sum, the extra economic, social and environmental benefits generated by a harmonised EU scheme would need to be considerably higher compared to the national solution to make a case for a single EU saving obligation" (SEC (2011b) 779: 30).

[99] Hier bezieht sich die DG ENER wieder auf die Bertoldi-Studie, wenn davor gewarnt wird, dass die verpflichteten Akteure eines nationalen Einsparsystems auch Effizienzmaßnahmen in anderen Mitgliedstaaten durchführen können, die Investitionskosten aber an die Endkunden in den jeweiligen Herkunftsländern der Unternehmen weitergegeben werden (vgl. ebd.: 28 und Bertoldi/ Rezessy 2009: 40).

des Einsparziels bezieht sich die DG ENER auf das mögliche Einsparpotential im Endenergiesektor, wonach konservativen Schätzungen eine Reduktion des Endenergieverbrauchs von 4 % bzw. 46 Mio. t RÖE für möglich halten. Bei einer Erweiterung der ausgewählten Sektoren, in denen die Einsparmaßnahmen anrechenbar sind, wäre sogar eine Verringerung des Primärenergiebedarfs von 6 % bzw. 109 Mio. t RÖE bis 2020 machbar (vgl. SEC (2011b) 779: 28). In der Folgeabschätzung gibt es auch eine eindeutige Vorstellung über die Kosten des Systems. So geht die DG ENER davon aus, dass die Umsetzungskosten für die verpflichteten Unternehmen bei 1-3 Eurocents pro kWh liegen und die Endkunden mit einem Mehraufwand von 2,5 Euro pro Jahr und Haushalt zu rechnen haben. (vgl. ebd.). Diese Schätzungen schließen sich an die Ergebnisse von Kapitel 3 zur allgemeinen Funktions- und Wirkungsweise von Einsparsystemen an. Daher geht die DG ENER auch nicht von relevanten Administrationskosten für die Mitgliedstaaten aus[100], da das Instrument entweder über die Energiepreise oder über Netzgebühren bzw. im Falle eines Zertifikatemarkts über Handelsgebühren finanziert wird. Daneben wird auf die bereits etablierten staatlichen Regulierungsstrukturen verwiesen, die im Rahmen der Endenergierichtlinie und der Überwachung des Emissionshandels in den Mitgliedstaaten eingeführt wurden.

Gerade die zuvor herausgestellte Notwendigkeit der verstärkten Einbeziehung von Energieunternehmen und die Stimulierung des Energiedienstleistungsmarkts werden durch die Einführung eines Verpflichtungssystems bezweckt. Zum einen werden sich die betreffenden Unternehmen bei steigenden Energiepreisen und stagnierendem Verbrauch allein schon aus Profitabilitätsgründen dem Dienstleistungsmarkt widmen, wovon in Europa momentan auszugehen ist[101]. Und zum anderen zeigen die Erfahrungen mit den bereits etablierten Systemen, dass effektive Anreize

---

[100] Die administrativen Gesamtkosten werden auf 0,002 Eurocent pro kWh für den Staat geschätzt und haben somit kaum einen relevanten Effekt auf die Energiepreise (vgl. ebd.: 29).

[101] Nach Berechnungen des PRIMES-Modells von 2009 hat sich der über Jahre zunehmende Energieverbrauch der EU in 2005 und 2006 stabilisiert und ist in 2007 und 2008 leicht zurückgegangen. Für die Zeitperiode zwischen 2005-2020 prognostiziert das Modell insgesamt einen Rückgang des Primärenergiedurchschnittsverbrauchs von 1,7 %, wobei die Importanhängigkeit von fossilen Energieträgern im selben Zeitraum um 13,2 % auf 60 % steigen wird und der Endenergiebedarf um 3,4 %. Diese Entwicklung ist auch mit der Finanz- und Schuldenkrise zu begründen, denn während der Energieverbrauch bis 2020 in der Industrie stark zurück gehen wird, steigt der Verbrauch in den anderen Sektoren wie z.B. Haushalt und Verkehr (vgl. SEC(2011) 277: 20).

zur Energieeinsparung zu wirtschaftlichen Investitionen von Energieunternehmen in Energieeffizienz führen[102]. Diese Entwicklung würde durch ein Verpflichtungssystem positiv gelenkt werden und folglich zur Stimulierung des Dienstleistungsmarktes für Energieeffizienz führen. Die dafür notwendigen Impulse kommen aus der direkten Einbindung der Unternehmen, indem diese für die Umsetzung von Einsparmaßnahmen verantwortlich sind. Oder es werden entsprechende Anreize für Energiedienstleistungen gesetzt, die bisher aus Kostengründen von den Energieunternehmen nicht durchgeführt wurden (vgl. ebd.: 29).

Auch wenn die EU den Mitgliedstaaten aus den zuvor genannten Gründen eine freie Wahl der Ausgestaltungsmerkmale zugesteht, so muss zumindest aufgrund der in Kapitel 3 beschriebenen Nachteile des Systems[103], ein Mindestmaß an Vorgaben gemacht werden. Dazu gehört z.B. die aus Großbritannien bekannte Unterstützung einkommensschwacher Haushalte, auf die ein bestimmter Anteil der Einsparmaßnahmen entfallen muss. Auch die eindeutige Abgrenzung der anrechenbaren Sektoren sowie die Gewährleistung einer gründliche Überprüfung bzw. Dokumentation der Einzelmaßnahmen muss gesichert sein (vgl. ebd.: 30). Des Weiteren gehört die exakte Festlegung des Einsparziels dazu, welches in allen Mitgliedstaaten durch die verpflichteten Akteure zu erfüllen ist. Die Umsetzung des Effizienzziels der EU[104], bis 2020 den Primärenergiebedarf um 20 % zu senken[105], würde bei einem prognos-

---

[102] In Anlehnung an die Effekte von Einsparsystemen in Frankreich, Großbritannien und Italien verweist die DG ENER auf Investitionen in Energieeffizienzmaßnahmen von über 1 Mrd. Euro (vgl. ebd.: 28).

[103] Neben einer möglichen Mehrfachanrechnung von Maßnahmen bspw. mit dem ETS gehören auch zusätzliche Einsparprojekte außerhalb des Systems dazu, die möglicherweise von den verpflichteten Akteuren nicht mehr durchgeführt werden (vgl. ebd.: 29).

[104] Die Besonderheit des Energieeffizienzziels liegt auch darin, dass es keinen verbindlichen Charakter hat. Daher werden von der EU bisher nur nationale Richtwerte empfohlen, deren Erfüllung stark von den Ambitionen der Mitgliedstaaten abhängt. Ein verbindliches nationales Einsparziel zur Erfüllung des 20 %-Ziels scheiterte bislang am Widerstand der Mitgliedstaaten. Daher setzt die EU auf die Effekte von Instrumenten, die die Länder einführen müssen. Trotzdem hält sich die Union für 2013 eine Bewertung der erfolgten Einsparungen vor, um bei einer negativen Beurteilung noch verbindliche nationale Einsparziele für die Erfüllung des Gesamtziels einzuführen. Diese Überprüfung wurde später von Energie-Kommissar Oettinger im Zuge der Verhandlungen zur EER auf 2014 verschoben (vgl. SEC (2011) 780: 4 und SEC (2011a): 779: 31).

[105] „The target is thus expressed in terms of energy savings (i.e. an absolute decrease of energy consumption). However, the majority of it can be reached through energy efficiency improve-

tizierten Gesamtverbrauch von 1842 Mio. t RÖE für 2020 eine Reduktion von insgesamt 368 Mio. t RÖE bedeuten (SEC (2011a) 779: 5). Weil diese Annahmen auf Berechnungen des PRIMES-Modell von 2007 beruhen, ist durch die positiven Effekte der bereits implementierten Effizienzmaßnahmen und den Auswirkungen der Wirtschafts- und Finanzkrise auf den Energieverbrauch, von einem Rückgang des zu erbringenden Einsparvolumens auszugehen. Nach den aktuelleren Berechnungen des Modells von 2009, wonach eine Verringerung des prognostizierten Primärenergieverbrauchs in 2020 von 8,9 % gegenüber den Schätzungen von 2007 bzw. 164 Mio. t RÖE zu erwarten ist, bliebe ohne zusätzliche Maßnahmen eine Einsparlücke von 204 Mio. t RÖE bestehen (vgl. Abb. 2 und SEC (2011) 277: 20-21). Dass Verpflichtungssysteme bei der Schließung dieser Differenz eine entscheidende Rolle spielen, lässt sich an den prognostizierten Einspareffekten solcher Systeme ablesen. Demnach rechnet die EU durch die Implementierung eines solchen Instruments mit Primärenergieeinsparungen von 108-118 Mio. t RÖE bis 2020. Dafür müsste allerdings ein relativ ambitioniertes Einsparziel in Höhe von 1,5 % pro Jahr für das Verpflichtungssystem festgelegt werden[106] (vgl. (SEC (2011b) 779: 69). In diesem Zusammenhang macht es Sinn, auf die bereits ausgeführte Steuerungsfähigkeit des Instruments hinzuweisen. Denn die hohen Einspareffekte sind auch damit zu begründen, dass die Mehrheit des Endenergiebedarfs bis mindestens 2030 auf den Gebäudesektor entfällt, fast 39 % für private Haushalte und Nichtwohngebäude bzw. den Dienstleistungssektor (vgl. SEC (2011) 277: 21). Besonders um die Einsparpotentiale in diesem Sektor auszuschöpfen, ist es sinnvoll, die Energieversorgungsunternehmen[107] der Mitgliedstaaten zu verpflichten (vgl. ebd.: 38 und Bertoldi/ Rezessy 2009: 46).

---

ments (i.e. using less energy input for an equivalent level of economic activity or service). It is on the realisation of this potential that EU action is focussed"(SEC (2011a): 779: 5).

[106] Die DG ENER geht aufgrund der Erfahrungen mit den bestehenden Systemen davon aus, dass eine freiwillige Festlegung des Einsparziels durch die Mitgliedstaaten dazu führen würde, dass diese ein weniger anspruchsvolles Verpflichtungssystem mit jährlichen Einsparungen von 0,6 % wählen würden. Dies würde zu Primärenergieeinsparungen in Höhe von 50-56 Mio. t RÖE bis 2020 führen (vgl. ebd.: 32).

[107] „It is assumed that the binding character of the obligations to be placed on energy suppliers/distributors will mean that in both cases these obligations are fully translated into energy savings" (Ebd.).

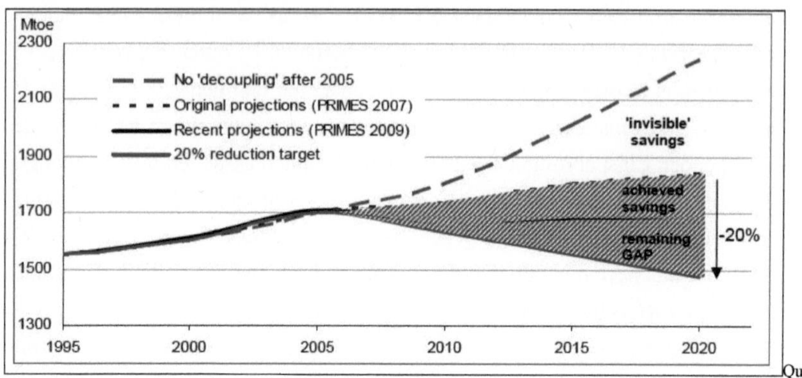

Quelle: SEC (2011) 277: Commission Staff Working Paper: Impact Assessment accompanying document to the Communication from the Commission to the European Parliament, the Council, the European Economic and Social Committee and the Committee of the Regions Commission Staff Working Document. Energy Efficiency Plan 2011, Brüssel, Stand 12.2.2013, (http://eur-lex.europa.eu/LexUriServ/LexUriServ.do?uri=SEC :2011:0277:FIN:EN:PDF), S. 21.

Neben den beiden vorgestellten und unmittelbar mit der KOM verbundenen Akteuren haben auch andere Stakeholder am Agenda-Setting-Prozess der Richtlinie teilgenommen. Dabei ist von zwei verschiedenen Einflusskanälen auszugehen. Zum einen vom offiziellem und transparent nachvollziehbaren Anhörungs- oder Konsultationsverfahren der KOM, welches sich im Wesentlichen auf den Input zum Energieeffizienzaktionsplan stützte. Zum anderen hat auch aktives Lobbying der entsprechenden Verbände und Unternehmen stattgefunden, um den Prozess nach ihren Gunsten zu beeinflussen. Im Fall der EER ist dies sicherlich auf mitgliedstaatlicher Ebene entscheidend gewesen, wie in Kapitelpunkt 5.1. näher ausgeführt wird.

Das offizielle Konsultationsverfahren der Richtlinie geht wie gesagt mit dem des Energieeffizienzplans einher (vgl. S. 37). So wurde zwischen Juni und August 2009 für den Energieeffizienzaktionsplan eine öffentliche Online-Befragung durchgeführt, in der die Mitgliedstaaten und andere interessierte Akteure ihren Input einfließen lassen konnten. Von den insgesamt 203 eingereichten Beiträgen stammte fast die Hälfte von der Industrie bzw. dem Privatsektor, hauptsächlich von Energiedienstleistungs- sowie Versorgungsunternehmen. Daneben nahmen vor allem

NGOs an der Befragung teil (vgl. DG ENER 2009: 7)[108]. Die Auswertung der Online-Konsultation zeigte eine grundsätzliche Bereitschaft der beteiligten Stakeholder zu einer stärkeren Verpflichtung der Energieversorger[109]. Allerdings bestand bei den Befürwortern solcher Maßnahmen kein Konsens darüber, ob diese Verpflichtung einen freiwilligen oder verbindlichen Charakter haben sollte. Trotzdem war dieses Ergebnis ein wichtiger Schritt für das Agenda-Setting von Einsparverpflichtungssystemen, auch wenn eine konkrete Ausgestaltung des Systems noch nicht evaluiert worden ist. Bezüglich der Einführung eines Handelsmechanismus durch „Weiße Zertifikate" fiel die Zustimmung eher gering aus, was zum einen mit den bereits implementierten Systemen in einigen Mitgliedstaaten und zum anderen mit der möglichen Überschneidung von Instrumenten wie dem ETS zusammengehangen hat[110].

Ein anderer Weg zur Interessenartikulation bestand durch die Teilnahme am Bukarester Forum für nachhaltige Energie – eine Plattform zum Austausch von Expertise und zur Entwicklung von Policies im Bereich der Energieeffizienz - wo eine erste Folgeabschätzung der geplanten Maßnahmen des Gesetzesentwurfs von Arbeitsgruppen erstellt wurde (KOM (2011) 370: 3). In der Folge konnten dabei vor allem die Stakeholder ihren Input einbringen, die mit der nationalen Umsetzung von Einsparsystem in den Mitgliedstaaten vertraut sind (eceee 2011)[111]. Die Ausgestaltung der Richtlinie wurde auch während der europäischen Woche für nachhaltige Energie im April 2011 diskutiert, woran Experten des EPs sowie verschiedene Akteure aus der Wirtschaft, von nationalen Ministerien und Vertreter von NGOs teilnahmen. Insgesamt folgten rund 400 Teilnehmer der Einladung der KOM und debattierten u.a. über die Ausgestaltung eines Einsparsystems für Energieversorger. Dabei wurde auch erörtert, wie Energiedienstleistungsunternehmen und Energie-

---

[108] (http://ec.europa.eu/energy/efficiency/action_plan/doc/final_report_of_the_public_consultation .pdf).

[109] „The stakeholders were also asked whether they thought that specific measures targeted to energy utilities were required. 111 (54.7%) of the stakeholders answered confirmatively, 34 (16.7%) responded negatively and 58 (28.6%) stakeholders had not any opinion in this regard" (DG ENER 2009: 23).

[110] „The public consultation also addressed the question whether an EU wide White Certification scheme should be introduced. 60 (29.6%) of the stakeholders answered confirmatively, 65 (32%) responded negatively and 78 (38.4%) stakeholders had not any opinion in this regard" (Ebd.).

[111] (http://www.eceee.org/eceee_events/energy-efficiency-obligations/workshop-summary).

verbraucher besser in den Markt eingebunden werden können (vgl. SEC (2011a) 779: 3-5).

Zusammenfassend bleibt festzuhalten, dass Einsparsysteme der zentrale Bestandteil sind, um die Defizite im bestehenden Policymix der EU zu beheben. Das Instrument hat sich im Agenda-Setting-Prozess durchgesetzt, weil eine stärkere Einbeziehung der Energieversorgungsunternehmen elementar für die Erschließung der bisher unangetasteten Effizienzpotentiale ist. Dies geht mit dem Effekt eines Verpflichtungssystems einher, Energieeinsparungen mit einem finanziellen Wert zu versehen und die Profite der Versorgungsunternehmen nicht nur an die gelieferten Energiemengen zu koppeln, sondern verstärkt an die Steigerung von Energieeffizienz (SEC: (2011): 780: 4). Entscheidend war dabei die Evaluation der bestehenden Verpflichtungssysteme durch das Joint Research Center und dessen Empfehlungen, die die DG ENER im Policy-Prozess aufgenommen und in den Gesetzesentwurf eingearbeitet hat. Mögliche andere Optionen sind von vornherein auch deswegen ausgeschieden, weil eine öffentliche Finanzierung von Effizienzmaßnahmen politisch nicht durchsetzbar ist. Zusätzlich ersetzen die zu erwartenden Einsparungen solcher Systeme die Notwendigkeit, verpflichtende nationale Energieeffizienzziele festzuschreiben. Deswegen spricht sich die KOM in ihrem Vorschlag zur EER dafür aus, die Einsparlücke bis 2020 mithilfe des bestehenden Rechtsrahmens und durch die Umsetzung neuer Instrumente zu schließen. Diese Argumentation stützt sich auf die Folgeabschätzung der DG ENER, die prognostiziert hat, dass durch die Umsetzung eines Einsparsystems und anderer Maßnahmen im Zuge der Richtlinie der Primärenergieverbrauch bis 2020 um ca. 355 Mio. t RÖE oder 19,3 % reduziert werden kann (vgl. SEC (2011a): 779: 27)[112].

---

[112] Diese Prognose ist aber aufgrund der sich teils überschneidenden Einsparungen der einzelnen Artikel nicht haltbar, wie im Folgenden Kapitel herausgestellt werden wird.

5. Verhandlungen zur Energieeffizienzrichtlinie

5.1. Akteure und Interessen im Politikfeld

In diesem Kapitel werden die Akteure mit ihren jeweiligen Interessen vorgestellt, die aktiv an den Verhandlungen zur EER beteiligt waren und entscheidend darauf Einfluss genommen haben. Dabei werden die Akteure gemäß den theoretischen Ausführungen nach Sabatier in Koalitionen eingeteilt, welche anhand des „policy core" differenziert werden. Für die vorliegende Arbeit eignet sich der Aspekt der Zustimmung zu verpflichteten Einsparsystemen als Unterscheidungsmerkmal, da diese in den Verhandlungen zur EER entweder befürwortet oder abgelehnt bzw. nur bedingt unterstützt wurden. Außerdem ist der entsprechende Artikel das Kernstück des Richtlinienvorschlags mit dem größten Einsparvolumen und hat zu einer intensiven Debatte über die Vor- und Nachteile von Verpflichtungssystemen geführt. Aufgrund des weiterreichenden Eingriffs eines verpflichteten Einsparsystems in die Energiepolitik eines Mitgliedstaats, ist von einem relativ hohen Konfliktpotential auszugehen. Daher werden die Akteure im Folgenden anhand ihres „policy core" in drei Koalitionen unterteilt: die „Pro-Verpflichtungskoalition", die „Anti-Verpflichtungskoalition" und die negativ besetzte „Kritisch-Neutrale Koalition".

5.1.1. Die „Pro-Verpflichtungskoalition"

Die Akteure dieser Koalition sind grundsätzlich Befürworter und Förderer von Energieeffizienz und haben ein reges Interesse daran, das Primärenergie-Reduktionsziel der EU bis 2020 zu erfüllen. Um die vorhandene Einsparlücke zu schließen, halten die Mitglieder dieser Gruppe die Einführung von verpflichtenden Maßnahmen zur Zielerfüllung für absolut notwendig. Darüber hinaus stehen diese Akteure auch verbindlichen Einsparzielen positiv gegenüber, da Energieeffizienz ein wesentlicher Bestandteil ihres „belief system" ist. Daher sprechen sich die Mitglieder dieser Koalition für die Einführung verpflichtender Einsparsysteme aus. Ihre Einstellung zum „policy core" generiert sich hauptsächlich aus den Erfahrungen mit einem solchen Instrument oder der wissenschaftlichen Auseinandersetzung damit. Es kann daher angenommen werden, dass die Mitglieder dieser Koalition über ein sehr hohes Wissen zur Umsetzung und Ausgestaltung von Einsparsystemen verfügen und daher ihre Position im Entscheidungsprozess auf Grundlage dieser Annahmen durchsetzen möchten. Sie bevorzugen eine Architektur des Systems, die möglichst auf ihren Erfahrungs- bzw. Überzeugungswerten beruht und zu relativen hohen Primärenergieeinsparungen führt. Einer Verwässerung des entsprechenden Artikels in der Richtlinie stehen diese Akteure kritisch gegenüber, da die Anrechnung von bereits erfolgten Maßnahmen („early actions") oder eine zu geringe Höhe des Einsparziels für die verpflichteten Marktteilnehmer dazu führt, dass die positiven Auswirkungen des Instruments auf die möglichen Einspareffekte reduziert werden.

Europäisches Parlament

Im Parlament war der federführende Ausschuss für Industrie, Forschung und Energie (ITRE) für die EER zuständig, dem auch die energiepolitischen Sprecher der Fraktionen sowie der Berichterstatter Claude Turmes angehörten. Die politische Heterogenität der Debatte drückte sich zunächst auch in den Positionen des Parlaments zur Richtlinie aus, wobei weder die Abgeordneten noch die Fraktionen zu Beginn der Verhandlungen eine einheitliche Position zur EER hatten[113]. Tendenziell waren die Grünen/EFA und die SPD/S&D für die Implementierung einer weitreichenden Richtlinie mit Einsparsystemen, während die CDU/EVP und die FDP/ALDE dieser kritisch gegenüberstanden (vgl. EurActiv 2012g)[114]. Dennoch gehört das Parlament zu den wichtigsten Einflussgrößen für die Verabschiedung der EER, auch weil Claude Turmes die Verhandlungsführer der Fraktionen hinter sich bringen konnte (vgl. EurActiv 2012c)[115]. Das Parlament forderte letztlich in einem gemeinsam verabschiedeten Kompromiss des ITRE-Ausschusses die verbindliche Festlegung des Einsparziels von 20 % für 2020 und die Einführung eines Verpflichtungssystems, wobei auch alternative Maßnahmen dafür geltend gemacht werden konnten[116]. Insgesamt ist die Position des EPs zur Richtlinie als sehr ambi-

---

[113] „Das zersplitterte Meinungsspektrum im Parlament zeigt sich auch darin, dass die Abgeordneten insgesamt 1.800 Änderungsanträge zu dem EU-Gesetz eingereicht haben" (EurActiv 2012c, http://www.euractiv.de /energie-und-klimaschutz/artikel/abstimmung-im-eu-parlament-zur-energieeffizienz-006025).

[114] (http://www.euractiv.de/energie-und-klimaschutz/artikel/eu-parlament-verabschiedet-energieeffizienz-richtlinie- 006710).

[115] (http://www.euractiv.de/energie-und-klimaschutz/artikel/abstimmung-im-eu-parlament-zur-energieeffizienz-006025).

[116] Vgl. EP (2012b): (http://www.europarl.europa.eu/meetdocs/2009_2014/documents/itre/dv/eed_comp_am_/ eed_comp_am_en.pdf) und BID 2012a (http://www.polisphere.eu/bid/itre-rapporteuer-turmes-stellt-kompromissentwurf-vor/).

tioniert einzustufen, denn diese übertrifft den Vorschlag der KOM, bspw. durch die Einbeziehung des Verkehrssektors[117].

Dänische Ratspräsidentschaft

Dänemark hat eines der erfolgreichsten und innovativsten Einsparsysteme in Europa implementiert, welches von den Energieversorgern positiv aufgenommen wurde und von diesen öffentlich unterstützt wird (vgl. Danish Energy Association 2012: 1). Daher verfügt die Regierung zum einen über die notwendige Expertise, um die Verhandlungen zur EER auch auf europäischer Ebene fachkundig voranzubringen (vgl. Danish Energy Agency 2012)[118]. Und zum anderen über die notwendige politische Überzeugung, dass solche Systeme ein effektives Instrument zur Erreichung des Effizienzziels sein können. Daher räumte die dänische Ratspräsidentschaft während ihres Vorsitzes, zwischen dem 1. Januar und 30. Juni 2012, den Verhandlungen zur Richtlinie oberste Priorität ein (Danish Presidency (2012a: 19)[119]. Im Zuge der Initiative „Ein grünes Europa" setzte sich der federführende Minister für Klima, Energie und Gebäude – Martin Lidegaard – für die Richtlinie und besonders für die Umsetzung von Einsparsystemen ein (Danish Presidency (2012b und c)[120]. Damit versuchte die dänische Ratspräsidentschaft die Prämissen ihrer nationalen Energiepolitik auch auf europäischer Ebene einzubringen. Allerdings muss in diesem Zusammenhang erwähnt werden, dass die dänische Regierung erst 3 Monate vor ihrer Präsidentschaft gewählt worden war und somit nur wenig Zeit hatte, sich auf ihre Rolle vorzubereiten. Dazu kam eine schwierige Ausgangsposition, die sich vor allem auf den moderaten Vorschlag der KOM und die kritische Rolle der polnischen Ratspräsidentschaft stützte. Daher stand Dänemark vor der Abwägung, den

---

[117] Die zu erwartenden Primärenergieeinsparungen im Zuge der Richtlinie liegen nach dem Kompromissvorschlag des EP über 30 % im Vergleich zum ursprünglichen Vorschlag der KOM (vgl. BID 2012b, http://www.polisphere.eu/bid/verhandlungen-zur-eu-energieeffizienzrichtlinie-nehmen-fahrt-auf/).

[118] (http://eu2012.dk/en/NewsList/Maj/Uge-21/~/media/Files/Nyheder/EED/Fact%20sheet%20-%20utility%20 companies.pdf).

[119] (http://eu2012.dk/de/NewsList/Juni/Uge-26/~/media/702749D703AB4F1790A110951A22E8FE.pdf).

[120] (http://eu2012.dk/de/NewsList/Juni/Uge-24/EED-COREPER und http://eu2012.dk/de/NewsList/Juni/Uge-24/energy-friday).

Verhandlungsprozess zu verlangsamen und auf eine ambitionierte Richtlinie zu setzen oder eine schnelle Einigung herbeizuführen (vgl. EEB 2012: 5)[121].

Europäische Kommission und die Generaldirektion Energie

Die KOM hat aktiv von ihrem institutionellen Vorschlagsrecht Gebrauch gemacht, um die EER in den Politikprozess zu bringen. Das sogenannte „Herzstück" der Richtlinie war von Anfang an das Verpflichtungssystem für Energieversorger, dass mit einer Einsparhöhe von 1,5 % im Vergleich zum Verkaufsvolumen des Vorjahres, zu umfangreichen Effizienzsteigerungen führen sollte. Allerdings wird gerade im Kontrast zur ambitionierten Position des EPs deutlich, dass das eigentliche Ziel der Richtlinie – nämlich die Einsparlücke bis 2020 vollständig zu schließen – von der KOM nicht wirklich verfolgt worden ist. Schon der erste Entwurf des KOM-Vorschlags von 2011 hinterlässt eine Einsparlücke von 75 Mio. t RÖE für 2020 (vgl. The Coalition for Energy Savings 2012a)[122].

Dieser Eindruck wird bei einem Blick auf die DG ENER bestätigt, zu deren Aufgaben die Gewährleistung der „Europa 2020"-Strategie gehört, wozu auch das Primärreduktions- bzw. Effizienzziel von 20 % gehört. Das Fachreferat hat die Richtlinie im Wesentlichen ausgearbeitet und hat daher die Einführung von Einsparsystemen maßgeblich unterstützt. Dass dabei nicht nur im Interesse des „20 %-Ziels" gehandelt worden ist, kann z.B. daran abgelesen werden, dass die Festlegung eines verbindlichen Einsparziels auf 2014 verschoben wurde (vgl. DNR 2011)[123].

Joint Research Center – „Der Bertoldi-Faktor"

Die direkt der KOM unterstellte Generaldirektion des Joint Research Centers hat die Implementierung von Einsparsystemen auf europäischer Ebene jahrelang forciert und letztlich erfolgreich in den Politikformulierungsprozess gebracht. Ohne die Expertise des JRC um Paolo Bertoldi, welche durch zahlreiche Studien und Workshops die Funktionsweise von Einsparsystemen evaluierte, wäre dieses Instrument wohl kaum auf die europäische Agenda gekommen und zum Kernstück der Richtlinie avanciert. Aufbauend auf den Erfahrungen mit den bereits etablierten

---

[121] (http://www.eeb.org/?LinkServID=CE87272E-5056-B741-DB50EA4D5D310883&showMeta=0&aa).

[122] (http://energycoalition.eu/node/106).

[123] (http://www.eu-koordination.de/component/content/article/851-entwurf-fuer-eu-energieeffizienzrichtlinie-ohne-verbindliche-effizienzziele).

Einsparsystemen wurden die positiven Effekte für den Endenergiesektor eingehend untersucht und die wichtigsten Ausgestaltungsmerkmale identifiziert. Als unabhängiges Institut ist das JRC frei von wirtschaftlichen Einflüssen und anderen Partikularinteressen. Es besitzt somit in seiner wissenschaftlichen Arbeit einen gewissen „Best-Practice-Anspruch" und kann daher die Instrumente vorschlagen, die aus sozio-ökonomischer Sicht für die EU am sinnvollsten sind. Es kann davon ausgegangen werden, dass die Empfehlung zur Einführung solcher Systeme mit den entsprechenden Ausgestaltungsmerkmalen die Position der KOM maßgeblich beeinflusst hat. Des Weiteren hat das JRC auch während des Entscheidungsprozesses der KOM und anderer EU-Institutionen, diese aufgrund seiner Expertise beratend unterstützt.

Umweltverbände

In der Regel treten solche Verbände für eine nachhaltige Energiepolitik ein, wozu die Unterstützung von Erneuerbaren Energien genauso gehört wie die Förderung von Energieeffizienz. Im konkreten Fall der Richtlinie haben die Umweltverbände demnach die KOM in ihrem Vorschlag unterstützt, auch wenn dieser den Organisationen teilweise nicht weit genug gegangen ist[124]. Daher plädierten die Verbände auch für eine anspruchsvolle und zeitnahe Umsetzung von Einsparsystemen, damit diese ihre Wirkung voll entfalten können (vgl. WWF 2011: 6)[125]. Allerdings hielten einige Verbände, wie z.B. Friends of the Earth, die Höhe des Einsparziels von 1,5 % im Verpflichtungssystem für zu niedrig, um die erforderlichen Einsparungen bis 2020 zu liefern (vgl. EurActiv 2011)[126]. Grundsätzlich verfestigt sich nach der

---

[124] Viele Umweltverbände forderten ein verbindliches Effizienzziel bzw. verbindliche nationale Ziele, um bis 2020 auch definitiv 20 % Energie einsparen zu können. Die KOM ist dagegen in ihrer Einschätzung zu der Schlussfolgerung gekommen, anstatt verbindlicher Ziele - die frühestens 2014 festgelegt werden sollen - eher verbindliche Maßnahmen vorzuschlagen. Ein anderes Beispiel ist die mögliche Anrechnung von Einsparungen aus bestehenden Maßnahmen, um die Zielvorgabe der Einsparverpflichtung zu erfüllen, welcher die Verbände kritisch gegenüberstanden (vgl. DNR 2012b, http://www.eu-koordination.de/PDF/2011-energieeffizienzrichtlinie .pdf).

[125] (http://www.wwf.de/fileadmin/fm-wwf/Publikationen-PDF/2011_10_14_EU_Effizienz-Richtlinie_ Hintergrundpapier_final.pdf).

[126] „ According to figures compiled by Friends of the Earth, the 1.5% obligation would only recoup energy worth at most 12 Million tonnes of oil equivalent (Mtoe) in its first year, a fraction of the 368 Mtoe of annual savings the EU is committed to reaching by 2020" (http://www.euractiv.com/energy-efficiency/energy-firms-face-new-efficiency-news-504711).

Lektüre der zahlreichen Stellungnahmen und Hintergrundpapiere der Eindruck, dass die Verbände sich zum einen intensiv mit dem System auseinandergesetzt haben und dieses zum anderen als ein wertvolles und zielführendes Instrument betrachten, um die bestehenden Marktbarrieren sinnvoll zu adressieren. Daher forderten einige Verbände auch die Implementierung eines Energieeffizienzfonds im Zuge der Umsetzung der Einsparverpflichtung (vgl. z.B. DENEFF 2012a: 14 oder EEB 2011b: 1)[127]. Entsprechend ihrer eindeutigen Verhandlungsposition haben die Verbände versucht, den Entscheidungsprozess aus ihrer Sicht positiv zu begleiten, und im Rahmen ihrer Möglichkeiten auch Einfluss auf die Mitgliedstaaten zu nehmen. Beispielsweise haben zahlreiche Umweltverbände die deutsche Regierungsposition zur Richtlinie scharf kritisiert und ein Umdenken gefordert[128].

5.1.2. Die „Anti-Verpflichtungskoalition"

Es ist wichtig hervorzuheben, dass die Mitglieder dieser Koalition nicht grundsätzlich gegen Energieeffizienz sind. Im Gegenteil, teilweise unterstützen und fördern diese Akteure ambitionierte Energieeffizienzmaßnahmen und setzen sich dafür politisch ein bzw. diese um. Die Analyse des empirischen Materials und die Expertenbefragungen haben dennoch ergeben, dass die Mitglieder der „Anti-Verpflichtungskoalition" die einflussreichsten Gegner der Einführung von verpflichteten Einsparsystemen im Verhandlungsprozess waren. Diese Einstellung kann verschiedene Ursachen haben, ist jedoch vor allem mit ökonomischen und regulativen Aspekten zu erklären. So verbinden die Akteure zum einen die Implementierung von Einsparsystemen mit einem erheblichen finanziellen Mehraufwand, welcher den Geboten der Wirtschaftlichkeit und Kosteneffizienz diametral gegenübersteht. Ihrer Ansicht nach führt ein solches Instrument zu weiter steigenden Energiepreisen durch zusätzliche Ausgaben für private Marktteilnehmer und staatliche Verwaltungskosten. Außerdem werden die positiven Einspareffekte und somit die Funktions- und Wirkungsweise eines Einsparsystems bezweifelt, gerade im Hinblick auf den bestehenden Instrumentenmix[129]. Zum anderen kritisieren die Ak-

---

[127] (www.eeb.org/?LinkServID=AC53883C-AD12-9696-4080FDA54BA32BAD&showMeta=0&aa).

[128] In einem offenen Brief appellierte ein Bündnis von Umweltverbänden an Bundeskanzlerin Angela Merkel, die europäischen Energiesparziele endlich umzusetzen (vgl. DENEFF 2012c, http://germanwatch.org/de /download/3859.pdf).

[129] Vgl. dazu besonders die Möglichkeit von Doppel- und Mehrfachanrechnungen in Kapitel 3.3.

teure den verbindlichen Charakter der Einsparmaßnahme, der ihrer Meinung nach nicht marktorientiert ist und zu einer negativen Regulation des Energiebinnenmarkts führt. Daran knüpft auch eine grundsätzliche Skepsis gegenüber externen Eingriffen in die Geschäftspraxis der Unternehmen bzw. die energiepolitische Handlungshoheit der Mitgliedstaaten an. Daher unterstützen die Mitglieder dieser Koalition eine weitestgehende Flexibilisierung des entsprechenden Artikels in der Richtlinie, um die Auswirkungen des Instruments möglichst gering zu halten.

Deutschland – Die „Chefbremser" der Richtlinie

Die deutsche Verhandlungsposition zur EER wurde im Wesentlichen von dem in energiepolitischen Fragen federführenden Bundeswirtschaftsministerium bestimmt. Diese Herausstellung ist insofern von Relevanz, da dass ebenfalls für klima- und energiepolitische Belange zuständige Umweltministerium eine deutlich ökologischere Politik verfolgt, als dass für Wirtschaftsinteressen zuständige BMWi. Das Ministerium zeichnete sich gerade unter der Führung eines Ministers der FDP dadurch aus, die Förderung von Erneuerbaren Energien und Energieeffizienz zu beschränken, auch wenn die offizielle Lesart eine andere ist[130]. Dies liegt zum einen daran, dass das energiepolitische Verständnis des Ministeriums eher klassischer Natur ist bzw. stark von fossilen Energieträgern und sicherheits- und versorgungspolitischen Aspekten geprägt ist. Zum anderen hatte beim Thema Verpflichtungssysteme die ablehnende Position der vier großen Energieversorger in Deutschland – EON, Vatenfall, EnBW und RWE – einen gewissen Einfluss auf die Position des Ministeriums. Dieses muss sicherlich auch die Interessen der Unternehmen berücksichtigen, die direkt von Umsetzung der Richtlinie betroffen gewesen wären. Daher hat Deutschland die Richtlinie von Anfang an blockiert und versucht diese weitestgehend zu flexibilisieren. Um seinen Handlungspräferenzen Nachdruck zu verleihen, hat das Ministerium auch unabhängige Studien in Auftrag gegeben, deren Ergebnisse verfälscht bzw. verkürzt dargestellt wurden, um die eigene Position zu un-

---

[130] Der BUND-Vorsitzende Hubert Weiger bezeichnete die deutschen Verhandlungsposition zur EER aus seiner Sicht als enttäuschend und kontraproduktiv und macht dafür vor allem den Bundeswirtschaftsminister verantwortlich, der die Verhandlungen blockiert hat und versucht hatte, eine Vielzahl von Schlupflöchern in der Richtlinie durchzusetzen (vgl. BUND 2012: http://www.bund.net/nc/presse/pressemitteilungen/detail/artikel/eu-energieeffizienzrichtlinie-kommt-deutschland-hat-sie-verwaessert/).

termauern[131]. Das BMWi um Minister Rösler sprach sich offen gegen die Einführung eines verbindlichen Einsparquotensystems aus[132] und versuchte bis zuletzt alles, um die Richtlinie entscheidend zu schwächen, indem bspw. die Anrechnung von bereits durchgeführten Einsparmaßnahmen („early actions") gefordert wurde oder der endgültige Gesetzestext bewusst falsch übersetzt worden ist[133].

Großbritannien – Die „Erpresser"

Die britische Energieversorgungsstruktur ist stark von fossilen Energieträgern geprägt und durch veraltete Versorgungsnetzte und ineffiziente Kraftwerke gekennzeichnet. GB generiert seinen Strom vor allem aus Gas, Kohle und Nuklearenergie und besitzt aufgrund der Erdölvorkommen in der Nordsee einen historisch engen Bezug zu fossilen Energieunternehmen (vgl. Fischer 2011: 82-83). Die konservativen „Tories" um Premierminister David Cameron sind zudem als Euro-Skeptiker bekannt, was auch die aktuellen Diskussionen um ein Referendum zum EU-Austritt von GB zeigen. Trotzdem verwundert es, dass die Briten ein wichtiger Akteur der „Anti-Verpflichtungskoalition" sind, da GB zum einen mit dem „Green Deal" eine

---

[131] Im Handelsblatt wird Bundeswirtschaftsminister Rösler (FDP) wie folgt zitiert: „Die Ergebnisse des Gutachtens bestätigen, dass es erfolgversprechender ist, den bislang eingeschlagenen Weg konsequent weiterzuverfolgen. Die Einführung einer Energieeinsparverpflichtung für Deutschland ist kein geeigneter Weg, um unsere hochgesteckten Energieeinsparziele zu erreichen" (Handelsblatt 2012, http://www.handelsblatt.com/technologie/energie-umwelt/energie-technik/gutachten-liegt-vor-energieeinsparziele-bringen-wenig/6551382.html). Von dieser Interpretation distanzieren sich die Autoren der Studie in einer öffentlichen Pressemitteilung deutlich (vgl. Frauenhofer ISI 2012, http://www.oeko.de/oekodoc/1461/2012-042-de.pdf).

[132] Wirtschaftsminister Rösler kommentiert den Vorschlag der KOM zur EER wie folgt: „Starre Vorgaben wie eine feste Sanierungsquote für öffentliche Gebäude und die verbindliche Festlegung einer Energieeinsparquote von jährlich 1,5 Prozent lehne ich ab. Maßnahmen mit planwirtschaftlichen Zügen darf es ebenso wenig wie eine Bevormundung von Verbrauchern und Unternehmen geben" (vgl. BMWi 2011, http://www.pressebox.de/pressemitteilung/bundesministerium-fuer-wirtschaft-und-technologie-bmwi/Bundesminister-Roesler-zur-Energie effizienzrichtlinie/boxid/431647).

[133] Der Verhandlungsführer des EP und der KOM, Claude Turmes, kritisierte die deutsche Verhandlungsposition heftig: „Ich bedaure, dass die deutsche Bundesregierung bei dieser Richtlinie eine besonders negative Rolle gespielt hat: Wirtschaftsminister Rösler hat bis zuletzt versucht, die Auflagen der Richtlinie zu verwässern und damit den Gegnern von konkreten Klimaschutzmaßnahmen in die Hände gespielt. Das Ministerium versuchte letztlich sogar auf die deutsche Übersetzung der Richtlinie einzuwirken" (vgl. EurActiv 2012g, 11.09.2012, http://www.euractiv.de/energie-und-klimaschutz/artikel/eu-parlament-verabschiedet-energieeffizienz-richtlinie-006710).

klimafreundliche Energiepolitik verfolgt und zum anderen seit Jahren ein Einsparsystem erfolgreich implementiert hat. Es kann auch davon ausgegangen werden,
dass GB über ein hohes Maß an Expertise bezüglich der Umsetzung von Verpflichtungssystemen verfügt.

Es gibt einige Hinweise darauf, dass die britische Haltung zur EER maßgeblich von
Lobby-Interessen der sechs großen Energieversorger in GB beeinflusst wurden
ist[134]. Die Kommentatoren kritisieren dabei vor allem den zuständigen Energiesek-
retär Ed Davey, der anfällig für die Interessen der fossilen Energieunternehmen zu
sein scheint (vgl. The Guardian 2012a)[135]. Die britische Verhandlungsstrategie war
von Anfang an davon geprägt, die Richtlinie zu schwächen und Ausnahmeregelungen zu fordern sowie andere Mitgliedstaaten zur Blockade zu animieren[136]. Claude
Turmes, der Verhandlungsführer des EP, fühlte sich im Entscheidungsprozess daher von der britischen Regierung erpresst (vgl. EurActiv 2012e: 2)[137].

Frankreich – „Die Monopolisten"

Die vorwiegend auf Nuklearenergie setzende französische Energiepolitik war unter
der Regierungszeit des konservativen Staatspräsidenten Nicolas Sarkozy vor allem
durch die Interessen der großen Energieunternehmen wie Total oder EDF geprägt[138]. Die Förderung von Erneuerbaren Energien oder ambitionierten Energieef-

---

[134] In einer informellen Konsultation des britischen Energieministeriums (DECC) zur
Energieeffizienzrichtlinie sprachen sich die betreffenden Energieversorger gegen die
Einführung eines europäischen Verpflichtungssystems aus, weil diese letztlich nicht zur einer
Reduzierung ihrer Verkaufsmengen bereit waren (vgl. The Guardian 2012c,
http://www.guardian.co.uk/business/interactive/2012/jun/03/energy-suppliers-eu-directive).

[135] „Leaked documents reveal UK fight to dilute EU green energy targets. Allegations of coalition
hypocrisy over green issues as critics say documents show UK has caved in to fossil fuel lobbyists" (http://www.guardian.co.uk/environment/2012/jun/03/coalition-dilute-eu-green-energy-
targets).

[136] „The UK government played a particularly significant role in weakening the directive by op-
posing an overall binding energy saving target and, at the last minute, insisting on loopholes so
it could claim credit for old policies as a way of meeting its future obligation" (The Guardian
2012b, http://www.guardian.co.uk/environment/2012/jun/14/uk-government-eu-energy-
efficiency).

[137] (http://www.euractiv.com/de/node/513263).

[138] Claude Turmes schilderte seine Erfahrungen mit der französischen Verhandlungsposition
unter Sarkozy wie folgt: „Before, the French position got worse every week and you could see
the spirit of EDF and Total in the negotiations," the MEP recounts, referring to leading energy
companies" (vgl. ebd.)

fizienzmaßnahamen spielten für Sarkozy eine eher untergeordnete Rolle[139]. Es kann davon ausgegangen werden, dass die Position der industriefreundlichen französischen Regierung von den Energieunternehmen maßgeblich mitbestimmt bzw. beeinflusst wurden ist[140].

So sprach sich der Verband der französischen Elektrizitätsunternehmen UFE in einem Positionspapier offen gegen die Einführung eines Verpflichtungssystems aus, obwohl wie in Kapitel 3 ausgeführt wurden ist, dieses bereits in Frankreich implementiert ist. Für die UFE ist die Höhe des Einsparziels mit 1,5 % mit Vergleich zum Vorjahreszeitraum zu ambitioniert und die Verlagerung der administrativen Kosten auf die Energieversorger und Verteilernetzbetreiber nicht hinnehmbar. Darüber hinaus kritisiert der Verband den im Zuge der Richtlinie vorgeschlagenen Zertifikatehandel, der unter Berufung auf die eigenen Erfahrungen mit einem solchen Mechanismus nicht zur Kosteneffizienz des Instruments beitragen kann (vgl. UFE 2011: 1-2)[141].

Industrie und Energieunternehmen

Die Industrie im Allgemeinen und die Energieunternehmen im Speziellen nahmen die verpflichtende Einführung von Einsparsystemen als eine Art planwirtschaftliche Maßnahme wahr. Die Energieversorger fassten die Ausgestaltung und Zielführung des Systems als einen unzulässigen Eingriff in ihr Geschäftsmodell auf[142] und fuhren eine massive Kampagne zur Verwässerung der Richtlinie. Dies trifft nicht nur auf die großen Monopolisten der Stromwirtschaft zu, sondern auch auf Branchen-

---

[139] „Sarkozy has been a staunch supporter of nuclear power, which is responsible for more than 75 percent of the country's electricity. He's also been mostly against expanding government programs to grow the green economy" (Renewable 2012, http://www.renewableenergy world.com/rea/news/article/2012/05/hollande-victory-signals-shift-in-frances-renewable-energ y-policy).

[140] „So, there will be considerable economic interests that will defend the nuclear industry's standing in France, making a shift to renewables a long and nonlinear process" (Ebd.).

[141] (http://www.ufe-electricite.fr/IMG/pdf/10._directive_efficacite_energetique_position_ufe_-_final_ang.pdf).

[142] Diese Einschätzung ist allerdings auch nicht ganz unbegründet, da die EU einen Mentalitätswechsel der Unternehmen durch Einsparsysteme herbeiführen will, indem „(...) Energieeinsparungen mit einem finanziellen Wert versehen und die Gewinne der Versorgungsunternehmen an die Energieeffizienz und nicht nur an die gelieferten Energiemengen gekoppelt [werden]" (SEC (2011): 780): 4).

verbände wie Eurelectric[143] und den BDEW[144] oder eher kommunal orientierte Organisationen wie den VKU[145].

Auch die Industrie befürchtet durch die Implementierung von Einsparsystemen vor allem eine Steigerung der Energiepreise und beruft sich auf damit verbundene Wettbewerbsnachteile[146]. Des Weiteren wird auf die Gefahr einer Doppel- und Mehrfachbelastung hingewiesen, die den Unternehmen durch Überschneidungen mit dem ETS entstehen könnten.

Polnische Ratspräsidentschaft

Polen hatte den Vorsitz des Europäischen Rats in der zweiten Jahreshälfte 2011 als Teil der „Trio-Präsidentschaft" mit Dänemark und Zypern inne. Die energiepolitischen Präferenzen liegen bei einem Land, welches seinen Energieverbrauch fast ausschließlich mit Kohle deckt, tendenziell eher bei der Beschäftigung mit versorgungs- und sicherheitspolitischen Aspekten. Auch in der Vergangenheit trat das osteuropäische Land als Bremser von ambitionierten Klimamaßnahmen auf europäischer Ebene auf, z.B. mit dem Veto gegen erhöhte Einsparziele für CO2 für 2020 (vgl. dradio 2011)[147]. Die Skepsis von Befürwortern einer nachhaltigen Energiepo-

---

[143] Im Rahmen der Arbeit wurde ein Interview mit einem Vertreter von Euroelectric durchgeführt.

[144] In einer Stellungnahme zum Richtlinienentwurf der KOM bezieht der Bundesverband der Energie- und Wasserwirtschaft e.V. (BDEW) zur Einführung von Einsparsystemen eindeutig Position und kritisiert diese als willkürlich. Der Verband hält ein solches Instrument im Strombereich für „praxisfern" und widerspricht dem Verbraucherbezug der Energieunternehmen. Außerdem ist ein Einsparsystem im Vergleich zu anderen Optionen durch zu hohe Transaktionskosten und eine ausgeprägte Marktregulierung geprägt. Grundsätzlich wird auch der Handelsmechanismus mit Zertifikaten in Frage gestellt. Daher favorisiert der BDEW eine weitestgehende Flexibilisierung des Artikels, so dass die verpflichtende Einführung des Systems letztlich umgangen werden kann (vgl. BDEW 2011: 2-4,(https://www.bdew.de/internet.nsf/id/87F759B92CB7CE4FC12578F500419D12/$file/11082 3_Stellungnahme%20zum%20Entwurf%20der%20Energieeffizienz%20Richtlinie_final.pdf).

[145] Auch der Verband der kommunalen Unternehmen (VKU), der die Interessen der kommunalen Versorgungs- und Entsorgungswirtschaft vertritt, lehnt ein Einsparsystem kategorisch ab und hat sich in diesem Sinne im europäischen Verhandlungsprozess engagiert (vgl. VKU 2012, http://www.vku.de/fileadmin/get/?21786/ PM_83_2012_EED_120911.pdf).

[146] „Der BDI hält die vorgesehenen Energieeffizienzverpflichtungssysteme für grundsätzlich bedenklich, da die Gefahr besteht, dass diese mit weiteren Belastungen für die Industrie verbunden sind" (vgl. BDI 2011: 5-6, http://www.bdi.eu/download_content/EnergieUnd Rohstoffe/Stellungnahme_Richtlinienvorschlag_Energieeffizienz.pdf).

[147] (http://www.dradio.de/dlf/sendungen/europaheute/1495039/).

litik, wie dem Berichterstatter des EP Claude Turmes[148], wurde während der Verhandlungen zur EER bestätigt. Nicht nur einzelnen polnischen Abgeordneten ging die von der KOM vorgeschlagene Richtlinie zu weit[149], obwohl das Land bereits ein Einsparsystem etabliert hat, sondern auch die Position der Ratspräsidentschaft fiel durch mangelnden politischen Einsatz auf und trug eher zur Schwächung der Richtlinie bei[150].

Dies scheint weniger an fehlender politischer Überzeugung gelegen zu haben, denn immerhin hat Polen einen ersten Entwurf der Richtlinie aktiv in den Europäischen Rat eingebracht. Sondern vielmehr an den beschriebenen energiepolitischen Umständen, die dazu geführt haben, dass Polen sich für eine Flexibilisierung und Verwässerung der EER eingesetzt hat. Daher fiel die Ratspräsidentschaft mit Vorschlägen auf, die darauf abzielten, die verpflichtende Einführung von Einsparsystemen zu umgehen und die Höhe des Einsparziels von 1,5 % zu beschneiden[151].

5.1.3. Die „Kritisch-neutrale Koalition"

Die Mitglieder dieser Koalition haben die Verhandlungen zur EER zwar nicht maßgeblich geprägt, im Sinne einer klaren Präferenz und deren Durchsetzung in puncto „pro oder contra" Verpflichtungssystem. Allerdings müssen diese Akteure dennoch hier aufgeführt werden, da ihre Interessen für die Erklärung des Politikergebnisses wichtig sind und ihre kritische Grundhaltung gegenüber dem „policy core" den Entscheidungsprozess trotzdem beeinflusst hat. Aufgrund meist situativer Faktoren waren die Mitglieder dieser Koalition tendenziell gegen die verpflichtende Einführung von Einsparsystemen und somit stärker anfällig für den Einfluss der

---

[148] „Das Problem in Polen ist dieser US-amerikanische neoliberale klimaskeptische Einfluss und das Zweite ist natürlich die Kohlelobby in Polen, die ihre alten Pfründe halten will und die sehr offensiv Windenergieprojekte, Energieeffizienzprojekte, Biomasseprojekte bekämpft" (Ebd.).

[149] Beispielhaft für die polnische Position zur Richtline äußerte sich die EVP-Abgeordnete Lena Kolarska-Bobińska wie folgt: „Das wird keine Turmes-Richtlinie", stellte Kolarska-Bobińska klar, die seine Vorschläge für zu ambitioniert und unrealistisch hält. „Turmes hat versucht, den Vorschlag zur Energieeffizienz in einen Vorschlag zur allgemeinen Energie- und Klimapolitik umzuschreiben" (http://www.euractiv.de/energie-und-klimaschutz/artikel/abstimmung-im-eu-parlament-zur-energieeffizienz-006025).

[150] In einer Bewertung des europäischen Umweltbüros zur Bilanz der polnischen Ratspräsidentschaft wurden die Leistungen für das Politikfeld Energie als sehr schlecht beurteilt. Besonders der Beitrag zur EER wurde als Misserfolg gewertet (vgl. EEB 2011a: 11) (http://www.eeb.org/EEB/?LinkServID=C5BF35B1-5056-B741-DBDF0ED35074BB64).

[151] Ebd.

Handlungsorientierung der „Anti-Verpflichtungskoalition". Zu den situativen Gegebenheiten gehörten z.B. die Auswirkungen der europäischen Schulden- und Finanzkrise, die die Akteure vor zusätzlichen Ausgaben für Energieeffizienzinvestitionen zurückschrecken lässt. Auch die Struktur des Energiebinnenmarktes bzw. der Energiewirtschaft differenziert zwischen den Mitgliedstaaten zum Teil deutlich, wodurch sich der Aufwand für die Implementierung von Einsparsystemen ebenfalls unterscheidet. Daneben sind einschneidende Veränderungen der „business-as-usual"- Politik immer mit Hindernissen verbunden, in diesem Fall bspw. mit dem Widerstand der Fachbeamten der Mitgliedstaaten, die mit dem Status quo zufrieden sind und keine weiteren bürokratischen Vorschriften aus Brüssel umsetzen wollen. Demnach zeichnet diese Akteure auch ein mangelnder politischer Handlungswille aus, um das „20 %-Ziel" zu erreichen. Summa summarum führt dies insgesamt dazu, dass eine flexiblere Gestaltung des entsprechenden Artikels unterstützt wird und besonders darauf Wert gelegt wird, mögliche Anrechnungen geltend zu machen, die eher dem Eigeninteresse als dem Einsparzweck des Verpflichtungssystems dienen.

EU-Ministerrat

Der Rat ist als zentrales Einflussorgan der 27 Mitgliedstaaten in den Verhandlungen zur Richtlinie damit aufgefallen, den nur mäßig ambitionierten Vorschlag der KOM weiter zu verwässern. Dies hätte bei einer Berücksichtigung aller beantragten Ausnahmeregelungen der Mitgliedstaaten dazu geführt, dass nur 38 % der Einsparungen verabschiedet worden wären, die die KOM ursprünglich vorgeschlagen hat. Vor allem Länder wie Finnland, Portugal, Spanien, Estland, Slowakei und auch die Niederlande, standen einer weitreichenden Richtlinie kritisch gegenüber (vgl. EurActiv 2012e)[152]. Dies kann, wie in den einleitenden Ausführungen zur „kritisch-neutralen Koalition" angemerkt, unterschiedliche Ursachen haben. Dennoch scheint die finanzielle Mehrbelastung durch die Umsetzung der Richtlinie vielen Mitgliedstaaten nur schwer vermittelbar gewesen zu sein, gerade denen, die von der europäischen Finanzkrise besonders betroffen sind[153].

---

[152] (http://www.euractiv.com/energy-efficiency/france-saved-energy-efficiency-d-news-513263).

[153] „Indeed, the Danish presidency estimates that implementing the directive would cost €24 billion a year until 2020. However, it would also save the economy €44 billion in fuel expenditure

5.2. Verhandlungsverlauf

Zwischen der Veröffentlichung des ersten Vorschlags der KOM zur EER am 22. Juni 2011 und dem offiziellen in Kraft treten des Gesetzes am 25. Oktober 2012 fand ein intensiver Verhandlungsprozess statt, dessen Rekonstruktion im Folgenden dargestellt werden soll. Anhand der wichtigsten Verhandlungsetappen – Richtlinienvorschlag der KOM, ITRE-Beschluss des EP, Gegenentwurf der Rates und dem finalen Kompromiss – werden die verschiedenen Positionen gegenübergestellt und Aussagen darüber getroffen, welche Koalition sich am Ende aufgrund welcher Ursachen durchgesetzt hat.

5.2.1. Vorschlag KOM

In Kapitelpunkt 4 wurde herausgestellt, dass dem Richtlinienvorschlag der KOM eine Vielzahl von Aktionsplänen, Strategiepapieren und Folgeabschätzungen vorausgegangen ist. Mit dem Gesetzesentwurf versuchte die KOM nun, die konkreten Vorschläge des Energieaktionsplans 2011 in verbindliche Maßnahmen zu verwandeln. Auch wenn die KOM in ihren Ausführungen davon ausging, mit ihrem Richtlinienentwurf die Einsparlücke bis 2020 zu schließen, zeigt ein Blick auf Abbilddung 3, dass selbst bei einer vollständigen Umsetzung des Entwurfs immer noch 75,5 Mio. t RÖE dafür fehlen würden. Die KOM hatte bei der Erstellung des Vorschlags die Intention, eine Richtlinie zu entwerfen, die politisch durchsetzbar ist[154]. Das erklärt auch die Tatsache, warum die KOM auf der einen Seite behauptet hat, mit den durch die Richtlinie umzusetzenden Einsparungen das „20 %-Ziel" erfüllen zu können. Auf der anderen Seite wurde aber keine genaue Analyse vorgelegt, in welchem Umfang die einzelnen Artikel bzw. Maßnahmen zu absoluten Einsparungen bis 2020 führen sollten[155]. Politisch durchsetzbar bedeutet daher in diesem Zusammenhang, dass der KOM-Vorschlag von einem hohen Maß an Flexibilität, ei-

---

and investments in energy generation and distribution. (…) A lot of resistance has to do with finance ministers saying they do not know how to get this money" (Ebd.).

[154] Diesen Eindruck bestätigten auch 2 Interviewpartner, als danach gefragt wurden ist, warum der Vorschlag der KOM relativ unambitioniert war.

[155] Auch deswegen wird sich in diesem Zusammenhang auf die Berechnungen der „Coalition for Energy Savings berufen - eine Vereinigung europäischer Umweltverbände - weil dabei berücksichtigt worden ist, wie die einzelnen Artikel sich gegenseitig überschneiden und welche Einsparungen wirklich zusätzlich zu erbringen sind.

nem Mangel an eindeutigen Definitionen und zu unverbindlichen Formulierungen gekennzeichnet war (vgl. The Coalition for Energy Savings 2012a)[156].

Damit verbunden ist ein hoher Handlungsdruck der KOM - im Sinne einer zeitnahen Verabschiedung und Implementierung der Richtlinie - damit die darin vorgeschlagenen Maßnahmen auch ihr Potential entfalten können, um die Einsparlücke bis 2020 entsprechend zu verringern. Die KOM steht daher von Beginn an unter Druck, die Verhandlungen möglichst zügig zu gestalten und ihren Entwurf möglichst unverändert durchzubringen, da eine weitere Abschwächung der Legislativinitiative nur dazu führen würde, dass das Effizienzziel noch schwerer zu erreichen wäre[157]. Die ungünstige Verhandlungsposition hat sich die KOM somit zum Teil selbst geschaffen. Daher kritisiert die „Coalition for Energy Savings" den Gesetzesentwurf wie folgt:

> *„The Directive proposal is the right place to do so: It tackles the many barriers that stand in the way of energy efficiency. But as it stands it would only close 2/3 of the current gap towards the 20% energy saving target and miss out on a long-term planning perspective for investors and businesses"* (The Coalition for Energy Saving 2011: 1)[158].

---

[156](http://energycoalition.eu/node/106).

[157] Falls 2014 absehbar sein sollte, dass das 20 %-Ziel nicht erreicht werden wird, hält sich die KOM die Einführung von verbindlichen Zielen vor. Dies setzt natürlich voraus, dass die vorgeschlagenen Maßnahmen auch so verabschiedet und umgesetzt werden, dass die erwünschten Effizienzeffekte eintreten (vgl. KOM (2011) 370: 3-6).

[158] (http://energycoalition.eu/sites/default/files/EED%20Position%20-%20Coalition%20for%20Energy% 20Savings%20Oct%202011.pdf).

Abbildung 3: Primärenergieeinsparungen nach Richtlinienentwurf der Kommission vom 22.6.2011

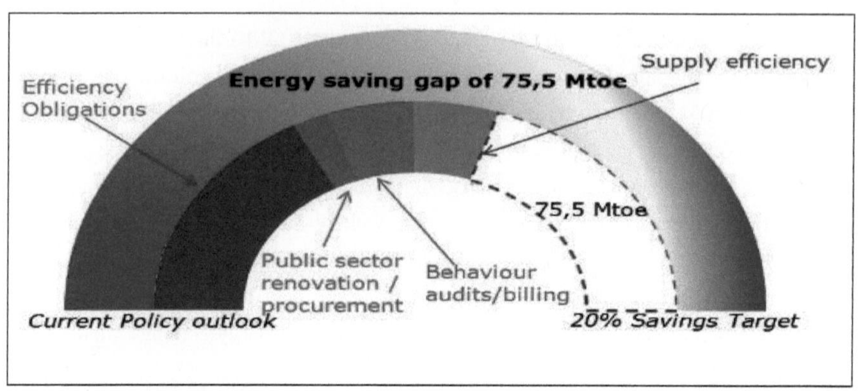

Quelle: The Coalition for Energy Savings (2012a): European Commission, Stand 1.1.2013, (http://energycoalition.eu/node/106).

Zu dem „Herzstück" der Richtlinie gehörten demnach verbindliche Maßnahmen und vor allem die Umsetzung des Einsparverpflichtungssystems. Die Kritik der „Coalition for Energy Savings" bezog sich auf den entsprechenden Artikel. Dabei wurde bemängelt, dass der Verkehrssektor von dem System ausgeschlossen bleibt und die Einsparungen in Endenergie angerechnet werden können, wodurch zum einen wichtige Effizienzpotentiale unberührt bleiben und zum anderen die positive Auswirkung des Systems reduziert wird. Die KOM brachte mit dem entsprechenden Artikel ein innovatives Instrument in den Entscheidungsprozess ein. Diese Leistung ist der KOM zugutezuhalten, da dadurch ein Weg aufgezeigt worden ist, wie die Einsparlücke bis 2020 geschlossen werden kann und dabei berücksichtigt wurde, dass die Mitgliedstaaten einem verbindlichen Einsparziel kritisch gegenüberstehen. Dieser Eindruck wird noch einmal von Abbildung 4 verstärkt, wo die Bedeutung von Einsparsystemen im Vergleich zu anderen Maßnahmen für die Erfüllung des „20 %-Ziels" illustriert ist. Laut Berechnungen des Öko-Instituts können mit einem Verpflichtungssystem ca. 60 % der bestehenden Einsparlücke bis 2020 geschlossen werden (vgl. Matthes 2011: 3)[159]. Damit der gewünschte Einspa-

---

[159] (http://www.wwf.de/fileadmin/fm-wwf/Publikationen-PDF/Analyse_Einordnung_Minderungsverpflichtung_EED.pdf).

reffekt durch das Verpflichtungssystem auch eintritt, empfahl die „Coalition for Energy Savings" den Verzicht von Absatz 9 des entsprechenden Artikels (EP 2012b: 24), welcher den Mitgliedstaaten erlaubt, die geforderten Energieeinsparungen durch andere Maßnahmen zu erbringen und somit eine verbindliche Einführung des Systems verhindert (vgl. The Coalition for Energy Savings 2011: 3)[160].

Abbildung 4: Einspareffekte von verschiedenen Maßnahmen zur Erfüllung des 20 %-Effizienzziels

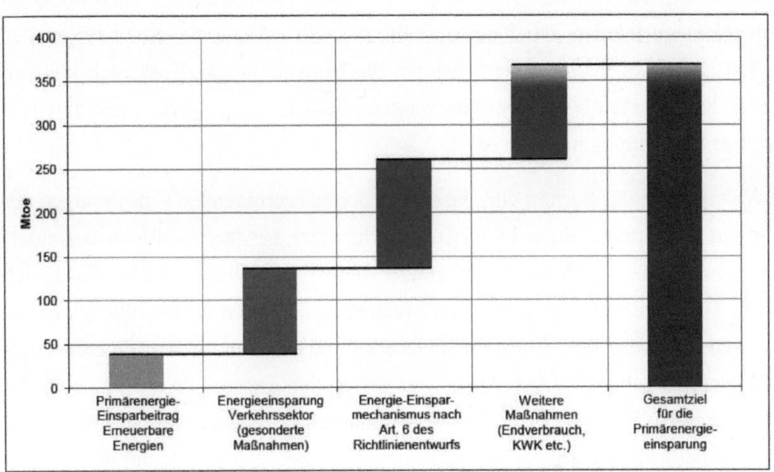

Quelle: Matthes, Christian Felix (2011): Analyse und Einordnung der Minderungsverpflichtung nach Art. 6 des Vorschlags der Europäischen Kommission für eine Richtlinie zur Energieeffizienz (= Kurzanalyse Öko-Institut e.V.), Berlin, 2011, S. 4[161].

5.2.2. Einigung Parlament

Für das Parlament war der federführende IRTE -Ausschuss für die Bestimmung der Verhandlungsposition zur Richtlinie verantwortlich. Diesem stand der durchsetzungsstarke Grünen-Abgeordnete Claude Turmes vor, der als Vertreter einer ambi-

---

[160] (http://energycoalition.eu/sites/default/files/EED Position - Coalition for Energy Savings Oct 2011.pdf).

[161] (http://www.wwf.de/fileadmin/fm-wwf/Publikationen-PDF/Analyse_Einordnung_Minderungsverpflichtung_EED.pdf).

tionierten und klimafreundlichen Energiepolitik gilt[162]. In seinem Berichtsentwurf zum Vorschlag der KOM wurden 119 Änderungen eingearbeitet, die den moderaten Richtlinienentwurf wesentlich verstärkten. Darin schlug Turmes verbindliche Einsparziele auf Ebene der EU und der Mitgliedstaaten vor sowie die zeitnahe Implementierung von Maßnahmen, um das „20%-Ziel" zu erreichen[163]. Zentral war auch für den Berichterstatter die Einführung eines Verpflichtungssystems mit einem jährlichen Endenergieeinsparziel von 1,5 %, dass allerdings auch den Verkehrssektor mit einschließen sollte (vgl. EP 2012b: 92-95). Die erzielten Endenergieeinsparungen werden dabei ausschließlich als Primärenergieverbauch von den Mitgliedstaaten abgerechnet, weil dadurch die Umwandlungsverluste von konventionellen Kraftwerken bei der Stromerzeugung berücksichtigt werden und eine realistischere Berechnung möglich ist[164].

Des Weiteren sah der Bericht vor, dass 50 % der zu erbringenden Einsparungen des verpflichteten Akteurs einen langfristigen Charakter besitzen und sich besonders auf Gebäudesanierungsmaßnahmen konzentrieren (vgl. ebd.: 21-25). Zusätzlich empfahl Turmes die Bevorzugung von Maßnahmen, die den Stromverbauch adressieren und die Umsetzung eines Finanzierungsfonds, in den die verpflichteten Akteure einzahlen sollten[165]. Außerdem wies der Berichterstatter darauf hin, dass für die Einsparverpflichtung nur solche Maßnahmen angerechnet werden dürfen, die über die zu erbringenden Effizienzmaßnahmen des bestehenden Rechtrahmens hinausgehen[166] (vgl. ebd.: 92-95).

---

[162] Dies stellte Turmes in der Vergangenheit beispielsweise als Berichterstatter der Richtlinie zur Liberalisierung des Europäischen Energiemarkts und der Richtlinie zur Förderung von Erneuerbaren Energien eindrucksvoll unter Beweis (vgl. eurosolar 2009, http://www.eurosolar.de/de/index.php?option=com_content&task=view&id=1246&Itemid=330).

[163] In diesem Zusammenhang kritisiert der Bericht die KOM, die die verbindlichen Ziele erst 2014 prüfen will und welche somit nicht vor 2016 in Kraft treten würden, was wahrscheinlich zu spät für eine Erfüllung des „20 %-Ziels" wäre (vgl. EP 2012b: 93).

[164] „Für die Umrechnung in Primärenergie muss weiterhin berücksichtigt werden, dass Einsparmaßnahmen im Bereich von Stromanwendungen, bedingt durch die hohen Umwandlungsverluste im konventionellen Kraftwerkspark überproportional hohe Beiträge zur Primärenergieeinsparung erbringen" (Matthes 2011: 3).

[165] Nach dem Berichtsentwurf können die verpflichteten Akteure bis zu 50 % ihrer zu leistenden Einsparungen durch Einzahlung in einen Finanzierungsfonds erbringen (vgl. EP 2012b: 28).

[166] Anders ausgedrückt ist die Anrechnung von bereits durchgeführten Maßnahmen aus der Vergangenheit („early actions") nicht möglich (vgl. ebd: 23).

Insgesamt machte Turmes die Richtlinie und besonders den entsprechenden Artikel zu Einsparsystemen durch seine vorgeschlagenen Änderungen wesentlich robuster und transparenter. Er wies bspw. bei Artikel 7 explizit darauf hin, dass durch seine Empfehlungen die ursprüngliche Absicht der KOM sichergestellt wird, mit der Einsparverpflichtung eine kumulative Wirkung zu erzielen. Außerdem wollte er erreichen, dass das Verpflichtungssystem auf jeden Fall umgesetzt wird und nicht wie von der KOM ursprünglich vorgesehen, durch andere Maßnahmen ersetzt werden kann (vgl. ebd.: 28).

Dass der Berichtsentwurf von Claude Turmes nicht unbedingt den Ansichten der übrigen Ausschussmitglieder bzw. Parlamentarier entsprach, zeigt beispielsweise ein Blick auf die dazugehörige Stellungnahme des Schattenberichterstatters der konservativen EVP-Fraktion Markus Pieper. Dieser unterstützte den ursprünglichen Vorschlag der KOM, welcher die Festlegung von verbindlichen Einsparzielen zunächst vermeidet. Des Weiteren sprach sich Pieper dafür aus, weniger Unternehmen durch das Einsparsystem zu verpflichten und den entsprechenden Absatz in der Richtlinie beizubehalten, der eine verbindliche Umsetzung des Einsparsystems umgeht (vgl. EP 2011a: 3-10)[167].

Die „Pro-Verpflichtungskoalition" wurde daher durch eine breite Debatte im EP zum Richtlinienvorschlag der KOM unter Druck gesetzt. Dies lässt sich vor allem an der großen Anzahl von Änderungsanträgen ablesen, da die Parlamentarier insgesamt 1.800 Änderungen zum ersten Richtlinienentwurf eingereicht hatten. Zusätzlich stand Verhandlungsführer Turmes unter verstärktem Handlungsdruck, da die zeitlich begrenzte Ratspräsidentschaft Dänemarks bereits begonnen hatte und in der zweiten Jahreshälfte 2012 von Zypern abgelöst werden würde. Eine Verabschiedung vor dem Wechsel der Ratspräsidentschaften war unbedingt notwendig, da für Zypern die Richtline keine Priorität besaß (vgl. EurActiv 2012b)[168]. Daher forderte Turmes auch vor der richtungsweisenden Abstimmung im ITRE-Ausschuss, welche aufgrund der zahlreichen Änderungsanträge bereits von Januar auf Ende Februar verschoben werden musste, direkt in die Verhandlungen mit dem Rat einsteigen zu dürfen. An diesem Punkt war bereits abzusehen, dass eine weitere Verzögerung

---

[167] (http://www.europarl.europa.eu/meetdocs/2009_2014/documents/envi/pa/880/880458/8804
58de.pdf).

[168] (http://www.euractiv.de/energie-und-klimaschutz/artikel/energieeffizienz-debatte-in-rat-und-
parlament-0059 69).

des Verhandlungsbeginns durch das Warten auf die Abstimmung im Plenum des EPs Ende März, aufgrund der zeitlichen Umstände nicht realisierbar für die Befürworter der „Pro-Verpflichtungskoalition" war[169].

Am 28. Februar 2012 einigte sich der ITRE auf eine gemeinsame Position zur Richtlinie (EP 2012a)[170]. Turmes legte dem Ausschuss einen zur Abstimmung freigegebenen Kompromissentwurf vor, der die Vielzahl an Änderungsanträgen zunächst auf 18 reduzierte bzw. zusammenfasste (EP 2012b). Vorrausetzung für die Verabschiedung des Entwurfs war die erfolgreiche Arbeit des Berichterstatters Turmes, der die Verhandlungsführer der Fraktionen[171] im Vorfeld überzeugen konnte, dem Papier zuzustimmen (vgl. EurActiv 2012c)[172]. Diese erteilten dem Berichterstatter dann auch das geforderte Verhandlungsmandat für die entscheidenden Gespräche mit dem Rat.

Daran hat das EP mit einem ambitionierten Vorschlag teilgenommen, weil die wichtigsten Änderungsanträge des Turmes-Entwurfs vom Ausschuss angenommen wurden. Dazu gehörten sowohl verbindliche Effizienzziele auf EU-Ebene als auch für die Nationalstaaten. Allerdings dürfen die Mitgliedstaaten ihr nationales Einsparziel selbst bestimmen und erhalten dafür mehr Flexibilität bei den umzusetzenden Maßnahmen. Des Weiteren wurde ein robustes Verpflichtungssystem bewilligt,

---

[169] So forderte der kritische Schattenberichterstatter der EVP-Fraktion Pieper, erst nach der Abstimmung im Plenum Ende März, mit den Verhandlungen zwischen EP und Rat zu beginnen. Seiner Meinung nach, wäre ein solches Vorgehen demokratischer. In diesem Zusammenhang wies die Schattenberichterstatterin der liberalen Fraktion Fiona Hall darauf hin, dass der erzielte Kompromiss bereits genügend Rückhalt im EP habe und keine Veränderungen durch eine Abstimmung im Plenum zu erwarten wären (vgl. EurActiv 2012c und 2012d).

[170] (http://www.europarl.europa.eu/document/activities/cont/201203/20120309ATT40359/20120
309ATT40359EN.pdf).

[171] Für eine erfolgreiche Meinungsfindung im ITRE-Ausschuss ist es entscheidend, als Berichterstatter die Schattenverhandlungsführer der anderen Fraktionen von seiner Position zu überzeugen. Im Fall der Energieeffizienzrichtlinie waren das: der bereits erwähnte CDU-Abgeordnete Dr. Markus Pieper für die konservative EVP-Fraktion, für die Sozialdemokraten (S&D) die Abgeordnete Britta Thomsen aus Dänemark und für die Liberale Fraktion (ALDE) die Britin Fiona Hall sowie Vicky Ford für die europaskeptische ECR-Fraktion, Miloslav Ransdorf für die Vereinte Europäische Linke (GUE/NGL) und Fiorello Provera für die rechtspopulistische EFD-Fraktion (vgl. ITRE 2012, (http://www.europarl.europa.eu/commit tees/de/ITRE/subject-files.html?id=20111024CDT30119).

[172] (http://www.euractiv.de/energie-und-klimaschutz/artikel/abstimmung-im-eu-parlament-zur-energieeffizienz-006025).

indem die verpflichteten Akteure 1,5 % an Endenergie gegenüber dem Vorjahres-
absatz einsparen müssen und sich an einem Finanzfonds beteiligen sollen. Bei der
Betrachtung von Abbildung 5 wird deutlich, welche Reichweite der ITRE-Entwurf
besessen hat. Der Kompromiss würde in jedem Fall für die Erfüllung des überge-
ordneten 20 %-Effizienzziels reichen. Der das Verpflichtungssystem betreffende
Artikel wurde durch das EP sowohl in qualitativer Hinsicht als auch in der Reichweite wesentlich ausgebaut und trägt gerade wegen der Einbeziehung des Trans-
portsektors zu einer definitiven Zielerfüllung bis 2020 bei.

Abbildung 5: Geschätzte Primärenergieeinsparungen durch ITRE-Entwurf vom 28.2.2012

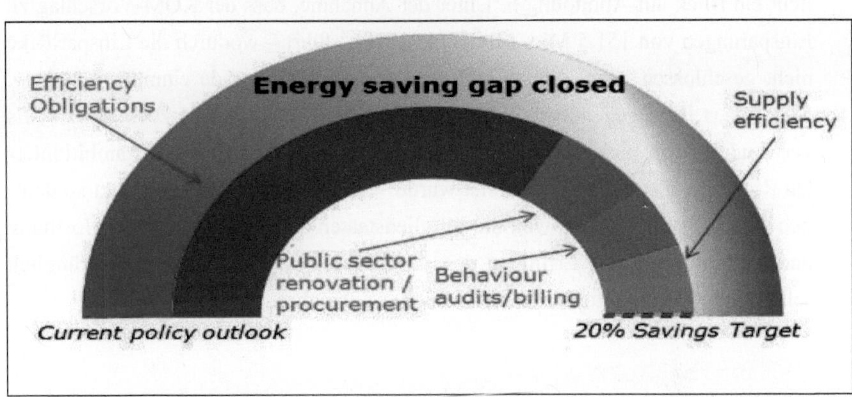

Quelle: The Coalition for Energy Savings (2012b): European Parliament - ITRE committee vote
(28.02), Stand 1.1.2013, (http://energycoalition.eu/node/107).

5.2.3. Gegenüberstellung von Parlament und Rat

Im Rat gab es frühzeitig gewisse Synergien zwischen der „Anti-Verpflichtungs-
Koalition" und der „kritisch-neutralen Koalition", die dazu führten, dass sowohl der
ambitionierte EP-Vorschlag als auch der moderatere KOM-Entwurf auf wenig Zu-
neigung bei den Mitgliedstaaten gestoßen ist (vgl. Rat 2011a: 2). Das ist natürlich
auch institutionell bedingt, weil wie in Kapitel 2 ausgeführt worden ist, die Mitgliedstaaten erst spät in den Politikformulierungsprozess und die Entscheidungsfindung eingreifen konnten. Erste Sondierungsgespräche hatte es im Rat auf Minister-

ebene bereits Mitte Februar gegeben, kurz bevor der ITRE-Ausschuss sich auf seine Position geeinigt hatte. Die Haltung der Mehrheit des Rates zur Richtlinie war dabei bereits von Anfang an eindeutig: verbindliche Ziele werden abgelehnt, im Gegenzug können sich die meisten Mitgliedstaaten mit verbindlichen Maßnahmen arrangieren, allerdings nur, wenn diese genügend Flexibilisierungsmechanismen beinhalten (vgl. EurActiv 2012b)[173].

Der vom Rat erarbeitete Gegenvorschlag, mit dem die dänische Ratspräsidentschaft in die Verhandlungen mit dem EP gezogen ist, war eine große Enttäuschung für alle Anhänger der „Pro-Verpflichtungs-Koalition". Welche Ausmaße die Forderungen nach einer flexibleren Gestaltung der Richtlinie angenommen hatten, verdeutlicht ein Blick auf Abbildung 6. Unter der Annahme, dass der KOM-Vorschlag zu Einsparungen von 151,5 Mio. t RÖE bis 2020[174] führt – wodurch die Einsparlücke nicht geschlossen wäre – entspricht der Ratsvorschlag gerade einmal 38 % bzw. 58,1 Mio. t RÖE gegenüber dem Entwurf der KOM (vgl. KOM 2012: 4-5)[175]. Es verwundert daher nicht, dass dieser Vorschlag von Befürwortern einer ambitionierten Richtlinie als „Müll" bezeichnet wurde[176]. Dies muss an diesem Punkt so deutlich herausgestellt werden, weil die Mitgliedstaaten dabei waren, jegliche Hoffnung und Ambition auf eine Erfüllung des „20 %-Ziels" – wozu der Rat ursprünglich selbst die KOM aufgefordert hatte - zunichte zu machen.

---

[173] (http://www.euractiv.com/energy-efficiency/parliament-watches-ministers-deb-news-510762).

[174] Dieser Einsparwert beruht auf Berechnungen der KOM von April 2012. Als Grundlage diente der KOM dabei die in Kapitel 4 diskutierte Folgeabschätzung zur Richtlinie, wobei allerdings drauf hingewiesen wird, dass sich die Zahlen aus der Folgeabschätzung und dem zitierten KOM-Bericht unterscheiden, da bei letzterem auch mögliche Überschneidungen berücksichtigt wurden (vgl. KOM 2012: 3). Allerdings wurde in Punkt 5.2.1. erläutert, dass aufgrund der Ungenauigkeiten des KOM-Vorschlags wahrscheinlich noch weniger Energieeinsparungen eintreten würden.

[175] (http://ec.europa.eu/energy/efficiency/eed/doc/20120424_energy_council_non paper_efficiency_de.pdf).

[176] "Now the Council's version – a compilation of the most unambitious points from each member state – has almost reached junk status" (BlogActiv 2012, (http://efficiency1st.blogactiv.eu/2012/05/07/council-must-rethink-its-position-on-the-energy-efficiency-directive/).

Abbildung 6: Vergleich der angestrebten Primärenergieeinsparungen durch den ursprünglichen Vorschlag der KOM und die revidierte Fassung des Rates vom 4.4.2012

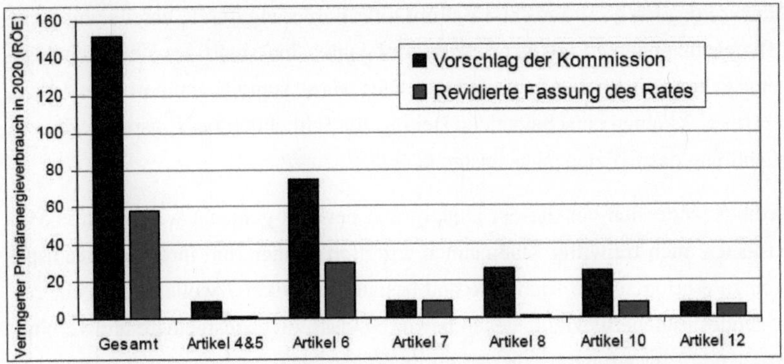

Quelle: KOM (2012): NON-Paper der Europäischen Kommission zur Energieeffizienzrichtlinie für Informelle Ratstagung vom 19. bis 20. April 2012, Brüssel, Stand 1.3.2013, (http://ec.europa.eu/energy/efficiency/eed/doc/20120424_energy_council_non_paper_efficiency_ de.pdf), S. 4.

Der das Verpflichtungssystem betreffende Artikel wurde so stark verwässert, dass die zu erwartenden Primärenergieeinsparungen bis 2020 von 74,9 auf 29,1 Mio. t RÖE reduziert wurden. So bevorzugte der Rat eine geringere Höhe des Einsparziels von jährlich 1,5 % für den verpflichteten Akteur. Stattdessen sollte für die ersten vier Jahre des bis 2020 gültigen Systems ein Einsparziel von 1 % und später 1,25 % gelten, wodurch das Einsparvolumen des Verpflichtungssystems um insgesamt 15 % verringert wäre. Außerdem sprachen sich die Mitgliedstaaten dafür aus, auch Einsparungen auf der Angebotsseite anrechnen zu dürfen, wodurch Überschneidungen mit den Artikeln 10 und 12[177] vorhanden wären und es zu Mehrfachanrechnungen kommt. Des Weiteren wurde eine Teil-Befreiung für die Unternehmen durchgesetzt, die im Zuge des ETS bereits zu Effizienzmaßnahmen angehalten sind. Da diese Klausel aber für insgesamt 40 % des Energieverbauchs der entspre-

---

[177] „Mit Artikel 10 über die Kraft-Wärme-Kopplung soll diese nachhaltige Methode der Energieumwandlung gefördert werden, deren Anteil an der Stromerzeugung seit 2004 unverändert geblieben ist. Es werden 25,0 Mio. t RÖE an Einsparungen erwartet. Ziel des Artikels 12 über die Effizienz der Energieübertragung ist eine höhere Effizienz durch das Management von Energieinfrastrukturen. Es werden 7,5 Mio. t RÖE an Einsparungen erwartet" (KOM 2012: 3).

chenden Industriezweige gelten sollte, wäre dadurch nur noch die Hälfte des Endenergieverbrauchs der EU vom System erfasst. Und schließlich setzten sich die
Anhänger von „Early Actions" im Rat mit ihrer Forderung durch, bereits umgesetz-
te Effizienzmaßnahmen aus den letzten fünf Jahren innerhalb des Verpflichtungssystems geltend zu machen (vgl. ebd.: 4). Dies würde summa summarum bedeuten,
dass Artikel 7 keinen entscheidenden Beitrag zur Schließung der Einsparlücke bzw.
zur Erfüllung des Effizienzziels leisten könnte[178].

Allerdings sollte sich vor diesem Hintergrund bewusst gemacht werden, dass Mitgliedstaaten auch freiwillig Maßnahmen ergreifen können, um ihre Energieeinsparungen zu erbringen. Die Richtlinie und besonders Artikel 7 wollen durch ein ver-
pflichtendes Endenergieziel dagegen bewirken, dass zuvor festgelegte und verbindlich geltende Einsparungen von den europäischen Nationalstaaten bzw. deren Unternehmen geliefert werden. Diese wiederum lassen sich nur ungern dazu zwingen,
gerade auch weil die zu verpflichteten Akteure als Adressaten dieser Art von Ord-
nungspolitik nur wenig davon überzeugt sind[179]. Auf der anderen Seite führen die
teilweise prekären Verhältnisse der öffentlichen Haushalte dazu, dass die Staaten
selbst zu wenig eigene Förderanreize setzen, um Energieeffizienzpotentiale auszuschöpfen. Wenn die Mitgliedstaaten ordnungsrechtliche Zwänge ablehnen und
ihnen bei der finanziellen Förderung die Hände gebunden sind – u.a. aufgrund der
Verschuldung der Staatshaushalte im Zuge der Finanzkrise – führt dies zu einem
Stillstand innerhalb des Politikfeldes. Vor diesem Hintergrund erscheint ein Einsparsystem mit integriertem Finanzierungsfonds, welcher die öffentlichen Ausgaben kaum belastet, als das innovativste und situativ am besten angepasste Umweltinstrument, um die Präferenzen der verschiedenen Interessenkoalitionen zu verbinden.

---

[178]Wozu eine ambitionierte Ausgestaltung des Artikels führen könnte, verdeutlicht das folgende
Zitat der "Coalition for Energy Savings": „According to the EU's common energy model, the
maximum primary energy savings resulting from a 1.5% energy end use savings target over a
seven years period could be about **160 Mtoe in the year 2020** - if the target is met by new end
- use savings equivalent to 1.5% of all energy sales each year" (The Coalition for Energy Savings 2012c, http://energycoalition.eu/sites/default/files/EED%20 Art6%20potentials_0.pdf).

[179] Ein Interviewpartner wies im Interview darauf hin, dass viele Nationalstaaten – darunter z.B.
Deutschland – ihr Effizienzziel freiwillig erbringen möchten und dies mit den Maßnahmen tun
möchten, die das Land selbst für richtig hält. Somit wird in den Ratsverhandlungen natürlich
eine weitestgehende Flexibilisierung des entsprechenden Artikels unterstützt, um später in der
Umsetzung der Richtlinie ein solches System nicht zwangsläufig einführen zu müssen.

5.2.4. Trilog-Verhandlungen und finaler Kompromiss

Der letzten Verhandlungsetappe in Form von informellen Trilogen zwischen Rat und EP – den beiden eigentlichen Entscheidungsinstanzen im europäischen Mehrebenensystem – welche unter Moderation der KOM stattfanden, ging bereits eine Vielzahl von Abstimmungsgesprächen und Vorverhandlungen voraus. Dazu gehört vor allem die Vorleistung der Ratsarbeitsgruppe für Energie, die während der polnischen und dänischen Ratspräsidentschaft einflussreiche Sondierungsgespräche mit der KOM zu Einzelheiten der Richtlinie geführt hat[180]. Technische Aspekte und andere Detailfragen wurden bereits im „Commission's Energy Demand Management Committee" besprochen, worin nationale Experten sich gegenseitig ausgetauscht haben und der KOM beratend zur Seite standen. Anschließend an die Ergebnisse der Ratsarbeitsgruppe für Energie wurden die Verhandlungen im Ausschuss der Ständigen Vertreter der Mitgliedstaaten (AStv) bzw. COREPER fortgeführt. In diesem Gremium hat der Rat die Trilog-Verhandlungen mit dem EP im Wesentlichen vorbereitet. Für die Erklärung des finalen Kompromissentwurfs waren aus der Perspektive des Rates zwei Faktoren entscheidend. Zum einen sollten in den Verhandlungen genügend Flexibilisierungsmechanismen geschaffen werden, damit die nationalen Gegebenheiten der Mitgliedstaaten bei der Umsetzung der Richtlinie berücksichtigt werden. Und zum anderen plädierte auch der Rat für eine zeitnahe Einigung[181], die vor allem mit dem Einfluss der dänischen Präsidentschaft zu verbinden war (vgl. Danish Presidency 2012d)[182].

Da der Rat im europäischen Mehrebenensystem über eine Vetovollmacht verfügt, muss gemäß dem ordentlichen Gesetzgebungsverfahren eine qualifizierte Mehrheit für den Kompromissentwurf des Trilog-Verfahrens votieren, um die Richtlinie verabschieden zu können. Das bedeutet, dass das Verhandlungsergebnis aus den informellen Gesprächen zwischen Vertretern aus KOM, Rat und EP mindestens 255 Stimmen der Mitgliedstaaten auf sich vereinen muss. Der Anteil der „Anti-

---

[180] In diesem Zusammenhang wir noch einmal darauf aufmerksam gemacht, dass diese Vorgespräche wohl auch wesentlichen Einfluss auf die Konzeption des Richtlinienentwurfs der KOM hatten. Die klare Position des Rates gegen verbindliche Ziele hat dazu geführt, dass die KOM in ihrem Entwurf davon Abstand genommen hat.

[181] Zeitnah bedeutete für die dänische Ratspräsidentschaft noch vor dem 1.7.2012, also vor dem Wechsel der Präsidentschaft zwischen Dänemark und Zypern.

[182] (http://eu2012.dk/en/NewsList/Maj/Uge-21/~/media/Files/Trykt%20materiale/EED/Fact%20 sheet%20Energy %20Efficiency%20Directive%202%20May%202012.pdf).

Verpflichtungskoalition" um Großbritannien, Deutschland und Frankreich reicht allein schon fast aus, um den Entwurf zu blockieren[183]. Dazu kommen noch die Länder der „kritisch-neutralen Koalition" - Finnland, Portugal, Spanien, Estland, Slowakei und die Niederlande – die ebenfalls für eine weitestgehende Flexibilisierung der Richtlinie plädiert haben.

Vor diesem Hintergrund und den sich deutlich unterscheidenden Positionen zur Richtlinie wird absehbar, das weder der ambitionierte Vorschlag des EP noch der wesentlich moderatere Entwurf der KOM eine Durchsetzungschance im Rat gehabt haben. Das heißt auf der anderen Seite aber nicht, dass der Rat sich nicht auf seine Verhandlungspartner zu bewegt hätte. Denn bei einem Vergleich der Abbildungen 6 und 7 fällt auf, dass zwischen der ursprünglichen Version des Rates und dem final verabschiedeten Kompromiss, in den Verhandlungen einiges erreicht werden konnte. Diese Annährung fand zwischen dem ersten Ratsentwurf im April und dem finalen Kompromiss im Juni statt und wurde in den Trilog-Gesprächen hart erarbeitet. Drei Bedingungen waren dafür entscheidend, dass die Mitgliedstaaten sich auf den Entwurf der KOM zubewegt haben. Die ersten beiden Faktoren gehen auf das Konto von zwei wichtigen Akteuren der „Pro-Verpflichtungskoalition". So hat erstens der Berichterstatter des EP Claude Turmes darauf bestanden, dass zentrale Bestandteile wie das Verpflichtungssystem in der Richtlinie bestehen bleiben und für deren Erhalt mit aller Überzeugung gekämpft. Zweites muss die erfolgreiche Arbeit der dänischen Ratspräsidentschaft herausgestellt werden. Denn der zuletzt errungene und später verabschiedete Kompromiss im Trilog-Verfahren beruht zu großen Teilen auf der vorläufigen Ratsposition vom 1. Juni 2012, die von Dänemark ausgearbeitet wurde[184].

---

[183]Diese drei bevölkerungsreichsten Staaten der EU besitzen neben Italien jeweils 29 Stimmen im Rat. Daher besaß allein die „Anti-Verpflichtungskoalition" 87 der 345 Stimmen im Rat.

[184] Der letzte Entwurf der dänischen Ratspräsidentschaft führt genau wie der finale Kompromiss zu Einsparungen von insgesamt 94 Mio. t RÖE bis 2020. Allerdings wurde das Einsparziel von 1,5 % des Verpflichtungssystems durch die Anrechnung von „early actions" so stark verwässert, dass jährlich nur noch 0,95 % an zusätzlichen Einsparungen zu erbringen wären. Dieser Rückschritt im Vergleich zum Staus quo der Energiedienstleistungsrichtlinie – bis 2016 müssen die Mitgliedstaaten im Durchschnitt jährlich 1 % Energie einsparen – war für die Verhandlungsführer von EP und KOM nicht akzeptabel (vgl. The Coalition for Energy Savings (2012d), http://energycoalition.eu/node/108).

Der dritte entscheidende Faktor hängt dagegen mit dem „policy core" eines Akteurs der „Anti-Verpflichtungskoalition" zusammen. Während Frankreich unter dem eher konservativen Präsidenten Sarkozy eine Energiepolitik verfolgte, die den Interessen der großen Energieversorger bzw. Energiewirtschaftsunternehmen wie EDF oder Total sehr nahe stand, änderte sich dies mit den französischen Präsidentschaftswahlen von Mai 2012. Der Wahlerfolg der sozialitischen Partei mit ihrem Kandidaten François Hollande und die anschließende rot-grüne Regierungskoalition veränderten die Präferenzen der französischen Energiepolitik. Frankreich machte also mitten in den Verhandlungen zur EER eine Kehrtwende und avancierte vom Gegner zum Befürworter der Richtlinie (vgl. EurActiv 2012e)[185]. Dadurch veränderten sich auch die Kräfteverhältnisse zwischen den Interessenkoalitionen. Mit dem Umschwung Frankreichs erhielt die „Pro-Verpflichtungskoalition" zusätzlich Auftrieb und es konnte am 13.6.2012 ein Kompromiss in den sechsten und zugleich letzen Trilog-Verhandlungen erzielt werden, der am folgenden Tag eine qualifizierte Mehrheit im Rat fand (Rat 2012)[186].

Zwar beinhaltete die Einigung eine ambitioniertere Umsetzung des Einsparverpflichtungssystems, als ursprünglich von den Mitgliedstaaten vorgesehen war. Dennoch wurde der entsprechende Artikel ebenso wie die gesamte Richtlinie in den Verhandlungen deutlich abgeschwächt. So blieb formal das Einsparziel des Verpflichtungssystems von 1,5 % erhalten, allerdings kann dieses durch Flexibilisierungsmechanismen und die Anrechnung von bereits durchgeführten oder geplanten Maßnahmen[187] um 25 % reduziert werden. Zusätzlich dürfen zur Zielerfüllung auch Effizienzmaßnahmen im Umwandlungs- bzw. Angebotssektor erfolgen, wodurch das Endenergieziel weiter geschwächt wird. Und schließlich wurden Zugeständnisse an die Industrie gemacht, indem bis zu 40 % des Energieabsatzvolumens von der Verpflichtung befreit werden können, die bereits durch das ETS erfasst werden

---

[185] (http://www.euractiv.com/de/node/513263).

[186] (http://static.euractiv.com/sites/all/euractiv/files/EED.en12.doc).

[187] Betrifft alle Einzelmaßnahmen, die ab dem 31. Dezember 2008 durchgeführt wurden und sich bis 2020 auswirken. Diese stellen allerdings keine zusätzlichen Einsparungen dar und sind daher nicht im Sinne der Richtlinie, sondern dienen nur der leichteren Zielerfüllung durch die Mitgliedstaaten. Daran knüpft auch die Anrechnung von „future actions" an, bei der Maßnahmen im Einsparsystem geltend gemacht werden dürfen, die erst in Zukunft durchgeführt werden (vgl. RL 2012/27/EU: 15).

(vgl. EurActiv 2012f)[188]. Demnach entspricht die kumulierte Höhe des Einsparziels nur noch 1,1 % pro Jahr[189] (vgl. DNR 2012a)[190]. Verpflichtet werden dabei alle nationalen Energieverteiler bzw. Energieeinzelhandelsunternehmen, die zwischen dem 1. Januar 2014 und dem 31. Dezember 2020 das Einsparziel des finalen Artikels 7[191] erfüllen müssen. Als Referenzperiode dient der Durchschnitt des jährlichen Absatzvolumens der Energieunternehmen an die Endkunden zwischen 2010 und 2013. Die vom EP kritisierten Bestandteile des KOM-Vorschlags - Anrechnung der Einsparmaßnahmen in Endenergie statt in Primärenergie[192], Herausnahme des Verkehrssektors und die in Absatz 9 gewährten Alternativmöglichkeiten zu Einsparsystemen – blieben alle im finalen Kompromiss erhalten. Das bedeutet letztlich, dass die EER keine verbindliche Einführung von Verpflichtungssystemen vorschreibt, sondern die Mitgliedstaaten nur dazu verpflichtet, jährliche Einsparungen von 1,1 % durchzuführen.

Auch andere Bestandteile des Richtlinienentwurfs der KOM wurden systematisch geschwächt. Dazu gehört z.B. die Einführung einer jährlichen Sanierungsquote von 3 % für öffentliche Gebäude. Die Renovierungsvorschriften des entsprechenden Artikels der EER betrifft nun anstatt aller öffentlichen Gebäude von Länder, Kommunen und Bund nur noch die genutzten Gebäude der Zentralregierung[193] (vgl. RL 2012/27/EU: Art. 5). Auch der indikative Charakter der nationalen Gesamteinsparziele bleibt bestehen und wird erst Mitte 2014 überprüft, um gegebenenfalls noch verbindliche Ziele festzulegen (vgl. ebd.: Art. 3). Zu den weiteren Maßnahmen der Richtlinie gehören die Erstellung von Sanierungsfahrplänen (Ebd.: Art. 4), die Förderung von Energieaudits bzw. Energiemanagementsystemen (Art. 8) und detailliertere Verbraucherinformationen durch Messung, Abrechnung und Dokumentation (Art.: 9, 10,11). Außerdem wird die Anwendung von KWK-Anlagen durch die

---

[188] (http://www.euractiv.com/energy-efficiency/member-states-strike-deal-eu-ene-news-513301).

[189] In den Jahren 2014 und 2015 müssen die verpflichteten Akteure nur jeweils 1 % einsparen, danach folgt eine Anhebung auf 1,25 % pro Jahr für 2016 und 2017 und erst zwischen 2018 bis 2020 kommt das 1,5 % Einsparziel vollständig zum Tragen (Ebd.).

[190] (http://www.eu-koordination.de/component/content/article/1538-eu-energieeffizienzrichtlinie-endspurt).

[191] Während der das Einsparsystem betreffende Artikel in den Verhandlungen als Artikel 6 gekennzeichnet wurde, ist dieser in der finalen Richtlinie in Artikel 7 transformiert worden.

[192] Die Mitgliedstaaten können nach der finalen Richtlinie folgend, zwischen der Anrechnung in End- oder Primärenergie wählen (vgl. RL 2012/27/EU: 15).

[193] Dies würde z.B. in Deutschland insgesamt 37 Gebäude betreffen.

Richtlinie promotet (Art. 14) und die nationale Einführung von Finanzierungsfonds für Energieeffizienz unterstützt (Art. 20).

Abbildung 7: Kompromissbeschluss vom 14.6.2012 zwischen KOM, EP und Rat

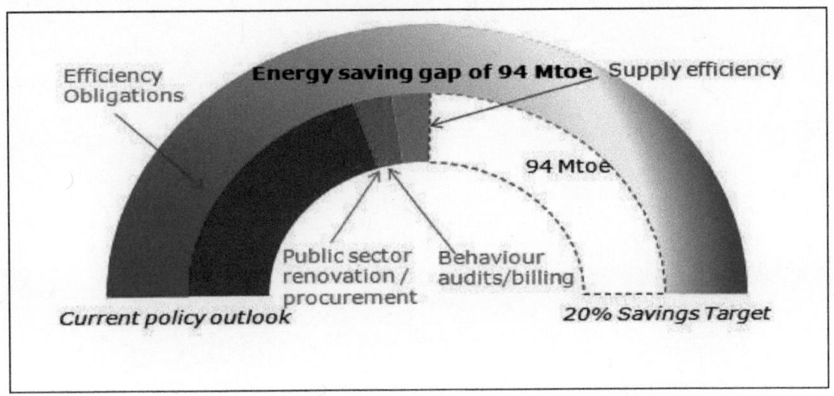

Quelle: The Coalition for Energy Savings (2012e): Deal between Parliament, Council and Commission negotiators (14 June 2012), Stand 3.3.2012, (http://energycoalition.eu/deal).

6. Zusammenfassung und Ausblick

6.1. Zusammenfassung und Beantwortung der Fragestellung

Die vorliegende Arbeit bedient sich des „Multiple Streams-Ansatzes" von Kingdon, um die empirischen Erkenntnisse analytisch einzuordnen. Demnach kann festgehalten werden, dass die Zusammenführung dreier entscheidender Ströme für die Policy verantwortlich war. So wurde zum einen im „Problem-Stream" ausführlich dargestellt, welche Bedeutung die 2020- Ziele für eine gemeinsame europäische Energie- und Klimapolitik haben. Im Mittelpunkt stand dabei zunehmend das 20 %-Effizienzziel, da dessen indikativer Charakter eine besondere Aufmerksamkeit durch die Politik erforderte. Als absehbar war, dass die bestehenden Politiken nicht ausreichen, um das Ziel zu erfüllen, bestand erhöhter Handlungsdruck. Diese Erkenntnis wurde aus der Evaluierung des bestehenden Policymix gewonnen, worin zu erkennen war, dass die vorhandenen Marktbarrieren für Energieeffizienz nur ungenügend adressiert werden. Dazu haben energiepolitische Prognosen wie das PRIMES-Modell herausgestellt, dass die EU auch nach 2020 in hohem Maße von fossilen Energieimporten abhängig ist, deren Finanzierung Milliarden kostet. Da die Ausschöpfung der wirtschaftlich erschließbaren Effizienzpotentiale in der EU bislang nur unzureichend geschehen ist, stellt Energieeffizienz eine adäquate Antwort auf den steigenden Endenergieverbrauch der EU und die dadurch alimentierte Importquote dar. Diese Indikatoren wurden durch die europäische Finanz- und Schuldenkrise noch einmal verstärkt – der Theorie folgend das „Focusing event" im „Problem-Stream" - da das Ignorieren real erschließbarer und kosteneffektiver Einsparmöglichkeiten zur Entlastung der öffentlichen Haushalte nicht mehr tragbar war. Die positiven Effekte durch Energieeffizienz überwogen alle Umsetzungszweifel und führten dazu, dass das 2007 formulierte Einsparziel in der Folge immer wieder bekräftigt wurde und als zu erfüllen galt. Diese drei Faktoren – die Signalwirkung der Indikatoren, die Erkenntnisse der Politikevaluierung und das „Focusing event" – führten dazu, dass der Willen der Akteure zur Schließung der Einsparlücke deutlich an Dynamik gewann und dem Problem die entsprechende Aufmerksamkeit im politischen System geschenkt wurde.

Der „Policy- Stream" beinhaltet eine Vielzahl an poltischen Lösungsoptionen, mit denen die oben genannte Problemwahrnehmung adressiert werden kann. Die Option der Einsparverpflichtung hat sich gegenüber anderen Instrumenten und Maßnahmen durchgesetzt, weil diese Systeme besonders da ihre Wirkung entfalten, wo die bisherigen Defizite im Ausschöpfen von Energieeffizienzpotentialen liegen: im Nachfrage- bzw. Endenergiebereich. Und da die Finanzierung des Instruments unabhängig von öffentlichen Haushalten erfolgen kann, erscheint es plausibel, dass das Instrument als Lösungsoption wahrgenommen wurde. Aufgrund der bereits implementierten Verpflichtungssysteme in den einzelnen Mitgliedstaaten war davon auszugehen, dass sowohl die technische Umsetzung des Instruments als auch die Integration in den bestehenden Politikrahmen machbar ist. Außerdem haben die langjährigen Erfahrungswerte mit solchen Systemen dazu geführt, dass von Beginn an eine relativ hohe Akzeptanz gegenüber dem Instrument vorhanden war. Darin liegt auch die Tatsache begründet, dass sich Einsparsysteme immer kontinuierlicher auf der politischen Agenda festgesetzt haben und bereits 2006 in der Energiedienstleistungsrichtlinie enthalten waren. Die Art und Weise, wie das Instrument die bestehenden Hindernisse für die Erschließung von Effizienzpotentialen umgeht und die zu erwartenden Einspareffekte haben dazu geführt, das Verpflichtungssysteme der zentrale Bestandteil des Richtlinienentwurfs geworden sind. Gerade die flexible Architektur des Systems sowie dessen hohe Anpassungsfähigkeit hätten dazu beigetragen, die Einsparlücke zu großen Teilen zu schließen. Zusätzlich wären durch die damit einhergehenden Effekte, wie die Stimulierung des Dienstleistungsmarktes oder die Generierung von Arbeitsplätzen, weitere positive Folgeerscheinungen einer Implementierung zu erwarten. Und da dies schließlich ohne öffentliche Subventionen zu erreichen gewesen wäre und sich einflussreiche Akteure für ein europäisches Einsparsystem ausgesprochen haben, hat sich das Instrument im „Policy-Stream" durchgesetzt.

Die Dynamik des „Politik-Streams" besitzt erheblichen Einfluss darauf, was auf die politische Agenda gelangt bzw. worüber die Entscheidungsträger am Ende abstimmen müssen. In der vorliegenden Arbeit wurde sich für die Erklärung dieser Dynamik der Charakteristika des europäischen Mehrebenensystems bedient, welche den einzelnen Akteuren und Institutionen eindeutige Aufgaben im Politikprozess zuweist. Dieser Strom wird Kingdon zufolge von politischem „Bargaining" dominiert, also der oft schwierigen Findung eines Kompromisses zwischen den relevanten Akteuren. Während die KOM für das Agenda-Setting und die Politikformulierung zuständig ist, entscheiden die jeweils mit einer Vetovollmacht ausgestatteten Mitglieder des EP und des Rates über den Gesetzesvorschlag. Bevor es aber zu einer solchen Entscheidungssituation kommt, müssen die drei genannten Ströme, welche sich unabhängig voneinander bewegen, miteinander gekoppelt werden, um die Policy in den Agenda-Settings bzw. Politikformulierungsprozess zu bringen.

Diese Verbindung der drei Ströme erfolgt durch einen „politischen Entrepreneur", welcher ein nur limitiert geöffnetes Politikfenster – „Policy Window" – nutzt, um die von ihm favorisierte Lösungsoption in den politischen Prozess zu bringen. Dieses Fenster öffnete sich im Policyprozess der EER durch den Beginn der dänischen Ratspräsidentschaft, einem wichtigen Befürworter einer ambitionierten Energieeffizienzpolitik. Die KOM, der quasi institutionell bedingt die Rolle des Entrepreneurs zufällt, wollte den Richtlinienentwurf daher unbedingt innerhalb des dänischen Vorsitzes zur Abstimmung bringen. Um ihrem Auftrag nachzukommen, das vom Europäischen Rat festgelegte Primärenergiereduktionsziel für 2020 zu erfüllen, musste die KOM eine Richtlinie vorschlagen, deren Maßnahmen dazu in Lage sind, die Einsparlücke bis 2020 zu schließen. Dafür wurde die Institution von ihrer integrierten Beamtenexpertise unterstützt – wodurch ein gewisser Innovations- und Wissensvorsprung gegeben ist – und hat das Instrument der Einsparverpflichtung in den Policyprozess gebracht. Das ist vor allem der Arbeit des Joint Research Centers um Paolo Bertoldi zu verdanken, welches die bestehenden Systeme evaluiert und ein Ausgestaltungsdesign für die Umsetzung auf europäischer Ebene entwickelt hat[194]. Der Adressat dieser Politikberatung war die für den Richtlinienentwurf zuständige Generaldirektion für Energie, welche den Input aufgenommen und in die Politikformulierung einfließen lassen hat. Aufbauend auf den Erfahrungswerten bestehender Einsparsysteme und deren Funktions- und Wirkungsweise, besaß dieses Instrument in den Augen der DG ENER eine hohe Wahrscheinlichkeit, sich im Entscheidungsprozess durchzusetzen. Da die KOM aber im finalen Verhandlungsprozess nur eine untergeordnete Rolle spielt[195], wurde der Richtlinienentwurf von Anfang an so konzipiert, dass dieser maximale Aussichten auf politische Durch-

---

[194] „Insbesondere durch das ihr vertraglich zugesicherte Initiativmonopol hat die Kommission erheblichen Einfluss auf die Problemdefinition und Agendagestaltung. Weil die Kommission selbst jedoch nur über knappe personelle Ressourcen verfügt, bleibt sie gerade bei technisch komplexen Regelungsmaterien auf externe Expertise angewiesen" (Wagner 2006: 263).

[195] „Er kann zwar alles daran setzen, politische Entscheidungsträger derart zu manipulieren, dass sie sich in seinem Sinne entscheiden. Das letzte Wort haben dann aber doch die Policymacher, sie sind es, die schließlich die Entscheidungen zu fällen haben, nicht die politischen Entrepreneure." (Rogge 2009: 213)

setzbarkeit hatte. Es wurde also davon abgesehen, verbindliche Einsparziele zu formulieren und stattdessen beabsichtigt, mit einem ambitionierten Einsparsystem das Effizienzziel zu erfüllen. Insofern ist die KOM ihrer Aufgabe als Agenda-Setter nachgekommen und hat ein Instrument aus dem „Policy-Strom" gefiltert, welches aufgrund seines innovativen Charakters beste Aussichten auf Erfolg hatte. Auch dank politischer Manipulation – bis zum Ende des Verhandlungsprozesses konnten die Gegner eines solchen Systems keine adäquate Alternative präsentieren – hat sich das Instrument in den einzelnen Phasen des Politikzyklus durchgesetzt.

Das der Erfolg der KOM trotzdem differenziert bewertet werden muss, ist den Gegebenheiten des europäischen Mehrebenensystems geschuldet. Gemäß dem ordentlichen Gesetzgebungsverfahren der EU bringt die KOM zwar nach einem erfolgreichen Agenda-Settings und Politikformulierungsprozess den ersten Richtlinienentwurf in die Verhandlungen ein, besitzt danach aber nur noch eine beratende und moderierende Funktion. Gerade deswegen ist es wichtig, bereits im Vorfeld einen breiten Konsens für die Novelle herzustellen und die Mehrheitsverhältnisse in den Entscheidungsgremien zu seinen Gunsten zu beeinflussen. Hier hat die KOM vor allem die Wiederstände gegen die Umsetzung eines Einsparsystems unterschätzt. In der Folge entbrannte eine von Energie- und Wirtschaftsunternehmen forcierte Debatte, die darauf abzielte, die sachlichen Argumente von Verpflichtungssystemen in den Hintergrund zu drängen. Mit ideologisch motiviertem „Framing" wurde versucht, solche Systeme als planwirtschaftlich abzustempeln. Die KOM konnte die Debatte bis zum Ende der Verhandlungen nicht in eine andere Richtung lenken, was auch damit zusammengehangen hat, dass die durch das System direkt verpflichteten Akteure – die Energielieferanten und -verteiler – im Vorfeld nicht genügend eingebunden wurden. Die Diskrepanz zwischen den betroffenen Stakeholdern und den europäischen Politikmachern vergrößerte sich weiter, als das EP respektive der für Energiepolitik zuständige ITRE-Ausschuss aktiv in den Policyprozess der Richtlinie eingetreten ist. Dieser entwickelte unter dem zuständigen Berichterstatter Claude Turmes eine entscheidende Dynamik für die finale Verabschiedung der Novelle. Turmes autorisierter Parlamentsentwurf war wesentlich ambitionierter als der KOM-Vorschlag und glich jegliche Schwächen aus, die unter dem Deckmantel der politischen Durchsetzbarkeit von der DG ENER eingearbeitet wurden und nichts anderes reflektierten, als die Interessen der Mitgliedstaaten. Dem musste sich der Rat stellen und verfasste seinerseits einen Gegenvorschlag, welcher tiefe Gräben zwischen die Verhandlungspositionen von EP und Rat schlug und dazu führte, dass die Richtlinie vor dem Aus stand.

Deshalb fanden zur Erzielung eines Kompromisses anschließend informelle Trilog-Verhandlungen statt, in denen sich die Vertreter der jeweiligen Institutionen zu einigen versuchten. Mit Hilfe des „Advocacy-Coalition-Ansatz" von Sabatier wurden die sich gegenüberstehenden Interessenkoalitionen geordnet und gezeigt, dass das Gewicht der „Anti-Verpflichtungskoalition" im Rat zu stark war, um eine Richtlinie zu verabschieden, die auch nur annähernd Turmes Entwurf entsprochen hätte. So konnten die Akteure dieser Koalition die „Pro-Verpflichtungskoalition" – welche die Richtlinie in jedem Fall verabschieden wollte und zusätzlich noch unter immensen Zeitdruck aufgrund des begrenzt geöffneten „Policy Windows" stand - zu einem Zugeständnis nach dem anderen zwingen, wodurch das Policyergebnis der EER immer weiter verwässert wurde. Das überhaupt ein finaler Kompromiss während der dänischen Ratspräsidentschaft gefunden werden konnte, lag vor allem daran, dass ein wichtiger Akteur der „Anti-Verpflichtungskoalition" seine Einstellung zur Richtlinie geändert hat. Mit dem durch die Parlamentswahlen bedingtem Regierungswechsel in Frankreich transformierten sich die Kernüberzeugungen des Landes und es fand ein Umdenken in der nationalen Energiepolitik statt. Die Gegner einer starken Richtlinie hatten somit einen wichtigen Akteur verloren und stimmten schließlich einem Kompromiss zu. Allerdings entsprach dieser im weitesten Sinne ihren Vorstellungen, da die „Anti-Verpflichtungskoalition" sich aufgrund ihrer Stärke im Entscheidungsprozess durchgesetzt hat.

6.2. Ausblick

Der in den Trilog-Verhandlungen ausgehandelte Kompromiss fand eine qualifizierte Mehrheit im EP und im Rat und trat offiziell als Richtlinie am 4.12.2012 in Kraft. Schätzungen zufolge werden durch den bestehenden Policymix sowie die zusätzlichen Maßnahmen der EER bis 2020 zwischen 14,5 und 15 % des Primärenergiebedarfs der EU reduziert (vgl. EurActiv 2012e)[196]. Für eine finale Bewertung und Einordnung der Richtlinie ist es aber noch zu früh, weil die Umsetzung in den Mitgliedstaaten gerade erst begonnen hat. Bis April 2013 müssen die Länder der

---

[196] (http://www.euractiv.com/de/node/513263).

EU einen Bericht vorlegen, der sowohl die nationale Implementierungsstrategie als auch das indikative Einsparziel der Mitgliedstaaten beinhaltet. Am 1. Januar 2014 tritt der das Verpflichtungssystem betreffende Artikel 7 rechtlich in Kraft. Dabei wird es auch darauf ankommen, inwieweit die in den Verhandlungen erzwungenen Ausnahmeregelungen und Flexibilisierungsmechanismen von den Staaten ausgenutzt werden. Es gibt allerdings erste Hinweise darauf, dass Länder wie Deutschland gedenken diese Ausnahmen voll und ganz auszunutzen und Einsparmaßnahmen anrechnen lassen, welche nicht im Sinne der Richtlinie bzw. einer ambitionierten Energieeffizienzpolitik sind. (vgl. Prognos 2013)[197]

Trotzdem ist die EER ein Meilenstein für eine nachhaltige Energiepolitik. Trotz der ungünstigen Interessenkoalitionen im Entscheidungsprozess konnte das Endenergieeinsparziel von 1,5 % im Gesetzestext bzw. Artikel 7 gehalten werden. Gerade im Vergleich zur Vorgängerrichtlinie – der Energiedienstleistungsrichtlinie - haben viele Interviewpartner darauf hingewiesen, dass das neue Regelwerk wesentlich ambitionierter und zielgerichteter ist. Es ist ein Schritt in die richtige Richtung, der letztlich aus einem breiten Konsens entstanden ist. Denn selbst die Gegner der EER sind mit dem Verhandlungsergebnis zufrieden, da diese ihre ersehnten Flexibilisierungen bekommen haben. Energieeffizienz wird auch nach 2020 ein zentraler Bestandteil der europäischen Energiepolitik bleiben und der mit der EER eingeschlagene Weg wird noch von vielen Richtlinien fortgeführt werden. Wichtig ist dabei, und das ist auch ein Verdienst der EER, dass das Thema Energieeffizienz aus seinem Schattendasein hervorgetreten ist und öffentlich stärker wahrgenommen wurde. Denn nur so kann auch in Zukunft der politische Druck erzeugt werden, der notwendig für eine ambitionierte Energieeffizienzpolitik ist.

---

[197] (http://www.bmwi.de/BMWi/Redaktion/PDF/Publikationen/Studien/endenergieeinsparziel-abschaetzung-der-durch-politische-massnahmen-erreichbaren-energieeinsparungen,property=pdf,bereich=bmwi2012,sprache=de,rwb=true.pdf).

Literaturverzeichnis

I. Fachliteratur

Benz, Arthur (2003): Mehrebenenverflechtung in der Europäischen Union, in: Jachtenfuchs, Markus/ Kohler-Koch, Beate (Hrsg.): Europäische Integration, Opladen, S. 317-352.

Benz, Arthur (2007): Mulitlevel Governance, in: u.a. ders. (Hrsg.): Handbuch Governance. Theoretische Grundlagen und empirische Anwendungsfelder, Wiesbaden, S. 297-310.

Benz, Arthur (2010): Multilevel Governance – Governance in Mehrebenensystemen, in: Benz, Arthur/ Dose, Nicolai (Hrsg.): Governance – Regieren in komplexen Regelsystemen. Eine Einführung (2. aktual. Auflage), Wiesbaden, S. 111-136.

Bertoldi, Paolo/ Rezessy, Silvia (2006): Tradable Certificates for Energy Efficiency (White Certificates). Theory and Practice (= Report of the DG Joint Research Center), Ispra, Stand 1.3.2013, (http://bookshop.europa.eu/en/tradable-certificates-for-energy-savings-white-certificates--pbLBNA22196/).

Bertoldi, Paolo/ Rezessy, Silvia (2009): Energy Saving Obligations and tradable White Certificates (= Report of the Joint Research Center of the European Commission), Ispra, Stand 1.2.2013 (http://ec.europa.eu/energy/efficiency/studies/doc/2009_12_jrc_white_certificates.pdf).

Blum, Sonja/ Schubert, Klaus (2011): Politikfeldanalyse (2. aktual. Auflage), Wiesbaden.

Bürger, Veit (2008): Energiesparquotensysteme und Weiße Zertifikate: Ein marktorientierter Ansatz zur Steigerung der Stromeffizienz in Haushalten, in: Fischer, Corinna (Hrsg.): Strom sparen im Haushalt. Trends, Einsparpotentiale und neue Instrumente für eine nachhaltige Energiewirtschaft, München, S. 90-105.

Bürger, Veit/ Wiegmann, Kristin (2007): Energiesparquote und Weiße Zertifikate. Potentiale und Grenzen einer Quotenregelung als markorientiertes und budgetunabhängiges Lenkungsinstrument zur verstärkten Durchdringung von nachfrageseitigen Energiesparmaßnahmen, Stand 6.11.2012, (= Arbeitspapier Öko-Institut e.V.), Freiburg/Darmstadt, (http://www.oeko.de/oekodoc/312/DP-2007-002.pdf).

Dröge, Susanne (2009): Die internationale Klimapolitik. Prioritäten wichtiger Verhandlungsmächte (= SWP-Studie/ Nr. 30), Berlin, Stand 1.2.2013, (http://www.swp-berlin.org/fileadmin/contents/products/studien/2009_S30_dge_ks.pdf).

Dye, Thomas R. (1972): Understanding Public Policy, Englewood Cliffs.

Fischer, Severin (2011): Auf dem Weg zur gemeinsamen Energiepolitik. Strategien, Instrumente und Politikgestaltung in der Europäischen Union (= Europäische Schriften/ Bd. 92), Baden-Baden.

Gellner, Winnad/ Hammer, Eva-Maria (2010): Policyforschung (= Politikwissenschaft kompakt), München, 2010.

Grande, Edgar (1996): Das Paradox der Schwäche. Forschungspolitik und die Einflusslogik europäischer Politikverflechtung, in: Jachtenfuchs, Markus/ Kohler-Koch, Beate (Hrsg.): Europäische Integration, Opladen, S. 317-351.

Grande, Edgar (2000): Multi-Level Governance. Institutionelle Besonderheiten und Funktionsbedingungen des europäischen Mehrebenensystems, in: Grande, Edgar/ Jachtenfuch, Markus (Hrsg.): Wie problemlösungsfähig ist die EU? Regieren im europäischen Mehrebenensystem (= Staatslehre und politische Verwaltung/ Bd. 4), Baden-Baden, S. 11-30.

Geden, Oliver/ Fischer, Severin (2008): Die Energie- und Klimapolitik der Europäischen Union. Bestandsaufnahme und Perspektiven (= Denkart Europa. Schriften zur europäischen Politik, Wirtschaft und Kultur/ Bd. 8), Baden-Baden.

Hooghe, Liesbet/ Marks, Gary (2001): Multi-Level Governance and European Integration, Lanham (u.a.).

Hirschl, Bernd (2008): Erneuerbare Energien-Politik. Eine Multi-Level Policy-Analyse mit Fokus auf den deutschen Strommarkt, Wiesbaden.

Jachtenfuchs, Markus/ Kohler-Koch, Beate (2010): Governance in der Europäischen Union, in: Benz, Arthur/ Dose, Nicolai (Hrsg.): Governance – Regieren in komplexen Regelsystemen. Eine Einführung (2. aktual. Auflage), Wiesbaden, S. 69-92.

Jachtenfuchs, Markus (1996): Europäische Integration (= Uni-Taschenbücher Politikwissenschaft, Bd. 1853), Opladen.

Jann, Werner/ Wegrich, Kai (2003): Phasenmodelle und Politikprozesse. Der Policy Cycle, in: Schubert, Klaus/ Bandelow, Nils (Hrsg.): Lehrbruch der Politikfeldanalyse, München, S. 71-106.

Jenkins-Smith, Hank/ Sabatier, Paul A. (1994): Evaluating the Advocacy Coalition Framework, in: Journal of Public Policy/ Nr. 14, S. 175-203.

Knodt, Michéle/ Hüttmann Große, Martin (2006): Der Multi-Level Governance-Ansatz, in: Bieling, Hans-Jürgen/ Lerch, Marika (Hrsg.): Theorien der europäischen Integration, Wiesbaden, S. 223-248.

Marks, Gary (1993): Structural Policy and Multi-Level Governance in the EC, in: Cafruny, Alan W./ Rosenthal, Glenda (Hrsg.): State of European Community. The Maastricht Treaty and Beyond, Boulder Colorado, S. 391-410.

Matthes, Christian Felix (2011): Analyse und Einordnung der Minderungsverpflichtung nach Art. 6 des Vorschlags der Europäischen Kommission für eine Richtlinie zur Energieeffizienz (= Kurzanalyse Öko-Institut e.V.), Berlin, Stand 1.2.2013, (http://www.wwf.de/fileadmin/fm-wwf/Publikationen-PDF/Analyse_Einordnung_Minderungsverpflichtung_EED.pdf).

Nagel, Andreas (2009): Politische Entrepreneure als Reformmotor im Gesundheitswesen?. Eine Fallstudie zur Einführung eines neuen Steuerungsinstrumentes im Politikfeld Psychotherapie, Wiesbaden.

Prognos (2013): Endenergieeinsparziel gem. Art. 7 EED und Abschätzung der durch politische Maßnahmen erreichbaren Energieeinsparungen (= Studie im Auftraf des Bundesministeriums für Wirtschaft und Energie), Berlin, Stand 1.3.2013, (http://www.bmwi.de/BMWi/Redaktion/PDF/Publikationen/Studien/endenergieeins parziel-abschaetzung-der-durch-politische-massnahmen-erreichbaren-energieeinsparungen,property= pdf,bereich=bmwi2012,sprache=de,rwb=true.pdf).

RAP (2012): Best Practices in Designing and Implementing Energy Efficiency Obligation Schemes (= Research Report Task XXII of the International Energy Agency Demand Side Management Programme, Prepared by The Regulatory Assistance Project), Stockholm.

Rogge, Jan-Christoph (2010): Die Rationalität des politischen Unternehmers. Zur Akteurskonzeption im Multiple Streams Ansatz (= Studentische Untersuchungen der Politikwissenschaften und Soziologie, Jg. 2/ Heft 3), Berlin, S. 206 - 219.

Rüb, Friedbert W. (2009): Multiple-Stream-Ansatz. Grundlagen, Probleme und Kritik, in: Schubert, Klaus: Lehrbuch der Politikfeldanalyse 2.0 (= Lehr- und Handbücher der Politikwissenschaft), München, S. 348-378.

Sabatier, Paul A. (1988): An advocacy coalition framework of policy change and the role of policy-oriented learning therein (= Policy Sciences 21), S. 129-168.

Sabatier, Paul A (1993): Advocacy-Koalitionen: Policy-Wandel und Policy-Lernen. Eine Alternative zur Phasenheuristik, in: Héritier, Adrienne (Hrsg.): Policy-Analyse. Kritik und Neuorientierung (= PVS Sonderheft 24), Opladen, S. 116-148.

Sabatier, Paul A./ Jenkins-Smith, Hank (1999): The Advocacy Coalition Framework. An Assessment, in: Sabatier, Paul A. (Hrsg.): Theories of the Policy Process, Boulder Colorado, S. 117-166.

Scharpf, Fritz W. (1985):): Die Politikverflechtungs-Falle. Europäische Integration und deutscher Föderalismus im Vergleich, in: Politische Vierteljahresschrift 26, S. 323-356.

Schlomann, Barbara u.a. (2012): Kosten-/Nutzen-Analyse der Einführung marktorientierter Instrumente zur Realisierung von Endenergieeinsparungen in Deutschland. Endbericht an das Bundesministerium für Wirtschaft und Energie (= Studie von Frauenhofer ISI, Ecofys und Öko-Institut e.V.), Karlsruhe/Freiburg/Berlin, Stand 12.1.2013, (http://oeko.de/oekodoc/ 1462/ 2012-043-de.pdf).

Schmidt, Susanne K. (1998): Liberalisierung in Europa. Die Rolle der Europäischen Kommission, Frankfurt a.M./New York.

Schneider, Volker/ Janning, Frank (2006): Politikfeldanalyse. Akteure, Diskurse und Netzwerke in der öffentlichen Politik (= Grundwissen Politik, Bd. 43), Wiesbaden.

Schubert, Klaus/ Bandelow, Nils C. (2003): Politikfeldanalyse. Dimensionen und Fragestellungen, in: dies. (Hrsg.), Lehrbuch der Politikfeldanalyse, München.

Schulenberg, Sebastian (2009): Die Energiepolitik der Europäischen Union. Eine kompetenzrechtliche Untersuchung unter besonderer Berücksichtigung finaler Kompetenznormen (= Schriftenreihe Europäisches Recht, Politik und Wirtschaft/ Bd. 348), Baden-Baden.

Schumann, Diana (2005): Interessenvermittlung im europäischen Mehrebenensystem. Strategien großer Elektrizitätsunternehmen im Vergleich, Wiesbaden.

Staniaszek, Dan/ Lees, Eoin (2012): Determining Energy Savings for Energy Efficiency Obligation Schemes (= Regulatory Assistance Project Report), Brüssel, Stand 12.2.2013, (www.raponline.org/document/download/id/4898).

von Krause, Ulf (2008): Mehrebenengovernance in der EU. Deutsche Mitwirkung an der Rechtsetzung, Wiesbaden,

Wagner, Wolfgang (2006): Der akteurzentrierte Institutionalismus, in: Bieling, Hans-Jürgen/ Lerch, Marika (Hrsg.): Theorien der europäischen Integration, Wiesbaden, S. 249-270.

Wallace, Helen (2003): Die Dynamik des EU-Institutionengefüges, in: Jachtenfuchs, Markus/ Kohler-Koch, Beate (Hrsg.): Europäische Integration, Opladen, S. 255-286.

Zahariadis, Nikolaos (2007): The Multiple Streams Framework. Structure, Limitations, Prospects, in: Sabatier, Paul A. (Hrsg.): Theories of the Policy Process, Boulder Colorado, S. 65-92.

II.   Dokumente

AEUV: Amtsblatt der Europäischen Union: Vertrag über die Arbeitsweise der Europäischen Union (Konsolidierte Fassung 2012), Brüssel, Stand 1.1.2013, (http://eur-lex.europa.eu/ LexUri-Serv/LexUriServ.do?uri=CELEX:12012E/TXT:DE:PDF).

DG ENER (2009): European Commission. Directorate - General for Energy and Transport, Directorate D - New and Renewable Energy Sources, Energy Efficiency & Innovation Regulatory Policy & Promotion of Renewable Energy Sources: Evaluation and Revision of the Action Plan for Energy Efficiency. Report on the Public Consultation June–August 2009, Brüssel, Stand 1.3.2012, (http://ec.europa.eu/energy/efficiency/action_plan/doc/final_report_ of_the_public_consultation.pdf).

EP (2010): Europäisches Parlament. Ausschuss für Industrie, Forschung und Energie: Bericht über die Überarbeitung des Aktionsplans für Energieeffizienz (2010/2107(INI) (18.11.2010), Brüssel, Stand 1.2.2013, (http://www.europarl.europa.eu/sides/getDoc.do ?pubRef=-//EP //NONSGML+REPORT+A7-2010-0331+0+DOC+PDF+V0//DE).

EP (2011a): Europäisches Parlament: Entwurf einer Stellungnahme des Ausschusses für Umweltfragen, Volksgesundheit und Lebensmittelsicherheit für den Ausschuss für Industrie, Forschung und Energie zu dem Vorschlag für eine Richtlinie des Europäischen Parlaments und des Rates zur Energieeffizienz und zur Aufhebung der Richtlinien 2004/8/EG und 2006/32/EG (Verfasser Peter Liese, 13.10.2011), Brüssel, Stand 1.2.2013, (http://www.europarl.europa.eu/meetdocs/2009_2014/documents/envi/pa/880/8804 58/880458de.pdf).

EP (2012a): European Parliament. Committee on Industry, Research and Energy: Adopted Amendments on the proposal for a directive of the European Parliament and of the Council on energy efficiency and repealing Directives 2004/8/EC and 2006/32/EC (9.3.2012), Brüssel, Stand 15.1.2013, (http://www.europarl.europa.eu/document/activities/cont/201203/201203 09ATT40359/20120309ATT40359EN.pdf).

EP (2012b): European Parliament. Committee on Industry, Research and Energy: Compromise Amendments 1 - 18 Draft report Claude Turmes on the proposal for a directive of the European Parliament and of the Council on energy efficiency and repealing Directives 2004/8/EC and 2006/32/EC (2011/0172 (COD), 22.2.2012), Brüssel, Stand 1.2.2013, (http://www.europarl.europa.eu/document/activities/cont/201203/20120301ATT39 777/20120301ATT39777EN.pdf).

EUV: Amtsblatt der Europäischen Union: Vertrag über die Europäische Union (Konsolidierte Fassung 2012), Brüssel, Stand 1.1.2013, (http://eur-lex.europa.eu/LexUriServ/LexUriServ.do? uri=CELEX:12012M/TXT:DE:PDF).

KOM (2005) 265: Grünbuch über Energieeffizienz oder Weniger kann mehr sein, Brüssel, Stand 1.1.2013, (http://eur-lex.europa.eu/LexUriServ/site/de/com/2005/com2005_0265de01. pdf).

KOM (2006) 105: Grünbuch: Eine europäische Strategie für nachhaltige, wettbewerbsfähige und sichere Energie, Brüssel, Stand 1.2.2013, (http://eur-lex.europa.eu/LexUriServ/LexUri Serv.do?uri=COM:2006:0105:FIN:DE:PDF).

KOM(2006) 545: Mitteilung der Kommission: Aktionsplan für Energieeffizienz. Das Potenzial ausschöpfen, Brüssel, Stand 1.2.2013, (http://eur-lex.europa.eu/LexUriServ/ LexUriServ.do?uri=COM:2006 :0545:FIN:DE:PDF).

KOM (2007) 1: Mitteilung der Kommission an den Europäischen Rat und das Europäische Parlament: Eine Energiepolitik für Europa, Brüssel, Stand 1.2.2013, (http://eur-lex.europa.eu/LexUriServ/LexUriServ.do?uri=COM:2007:0001:FIN:DE:PDF).

KOM (2008) 772: Mitteilung der Kommission: Energieeffizienz. Erreichung des 20 %-Ziels, Brüssel, Stand 1.1.2012, (http://eur-lex.europa.eu/LexUriServ/LexUriServ.do?uri=COM: 2008:0772:FIN:DE:PDF).

KOM (2010) 639: Mitteilung der Kommission an das Europäische Parlament, den Rat, den Europäischen Wirtschafts- und Sozialausschuss und den Ausschuss der Regionen: Energie 2020 - Eine Strategie für wettbewerbsfähige, nachhaltige und sichere Energie, Brüssel, Stand 1.12.2012, (http://eur-lex.europa.eu/LexUriServ/LexUriServ.do?uri=COM:2010:0639:FIN: DE:PDF).

KOM (2010) 2020: Mitteilung der Kommission: Europa 2020. Eine Strategie für intelligentes, nachhaltiges und integratives Wachstum, Brüssel, Stand 11.1.2013, (http://ec.europa.eu/archives/growthandjobs_2009/pdf/complet_de.pdf).

KOM (2011): 109: Mitteilung der Kommission an das Europäische Parlament, den Rat, den Europäischen Wirtschafts- und Sozialausschuss und den Ausschuss der Regionen: Energieeffizienzplan 2011, Brüssel, Stand 11.1.2013, (http://eur-lex.europa.eu/LexUriServ/ LexUriServ.do?uri=COM:2011:0109:FIN:DE:PDF).

KOM (2011) 112: Mitteilung der Kommission an das Europäische Parlament, den Rat, den Europäischen Wirtschafts- und Sozialausschuss und den Ausschuss der Regionen: Fahrplan für den Übergang zu einer wettbewerbsfähigen CO 2 -armen Wirtschaft bis 2050, Brüssel, Stand 15.2.2013, (http://eur-lex.europa.eu/LexUriServ/LexUriServ.do?uri=COM:2011:0112 :FIN:de:PDF).

KOM (2011) 370: Vorschlag für Richtlinie des Europäischen Parlaments und des Rates zur Energieeffizienz und zur Aufhebung der Richtlinien 2004/8/EG und 2006/32/EG, Stand 1.1.2013, (http://eur-lex.europa.eu/LexUriServ/LexUriServ.do?uri=COM:2011:0370:FIN:DE :PDF).

KOM (2011) 885: Mitteilung der Kommission an das Europäische Parlament, den Rat, den Europäischen Wirtschafts- und Sozialausschuss und den Ausschuss der Regionen: Energiefahrplan 2050, Brüssel, Stand 15.1.2013, (http://eur-lex.europa.eu/LexUriServ/ LexUriServ.do?uri=COM:2011:0885:FIN:DE:PDF).

KOM (2012): NON-Paper der Europäischen Kommission zur Energieeffizienz-richtlinie für Informelle Ratstagung vom 19.-20. April 2012, Brüssel, Stand 1.3.2013, (http://ec.europa.eu/energy/efficiency/eed/doc/20120424_energy_council_non_pap er_efficiency_de.pdf).

Rat (2006): Bericht des AStV an den Rat: Tagung des Rates (Verkehr, Telekommunikation und Energie) am 23. November 2006. Energiepolitik für Europa. Nachhaltigkeit von Energieproduktion und -verbrauch: Förderung von Energieeffizienz und erneuerbaren Energien − Annahme von Schlussfolgerungen des Rates zum Aktionsplan für Energieeffizienz (15210 (06)), Brüssel, Stand 1.1.2013, (http://register.consilium.europa.eu/pdf/de/06/st15/ st15210.de06.pdf).

Rat(2007): Übermittlungsvermerk des Vorsitzes für die Delegationen: Europäischer Rat 8./9. März 2007. Schlussfolgerungen des Vorsitzes, Brüssel (7224/1/07 REV 1), Stand 1.2.2013, (http://energy.iep-berlin.de/pdf/Schlussfolgerungen.pdf).

Rat (2011a): Vermerk des Generalsekretariats des Rates für den AStV/Rat: Vorschlag für eine Richtlinie des Europäischen Parlaments und des Rates zur Energieeffizienz und zur Aufhebung der Richtlinien 2004/8/EG und 2006/32/EG – Sachstandsbericht (Dok. 16165/11, 7.11.2011), Brüssel, Stand 12.12.2012, (http://register.consilium.europa.eu/pdf/de/11/st16/st16165.de11.pdf).

Rat (2011b): Übermittlungsvermerk des Generalsekretariats des Rates für die Delegationen: Tagung des Europäischen Rates 4. Februar 2011 Schlussfolgerungen (EUCO 2/11), Brüssel, Stand 2.2.2013, (http://register.consilium.europa.eu/pdf/de/11/st00/st00002.de11.pdf).

Rat (2012): General Secretariat of the Council to Permanent Representatives Committee: Proposal for a Directive of the European Parliament and of the Council on energy efficiency and repealing Directives 2004/8/EC and 2006/32/EC - Analysis of the final compromise text ((11190/12), 14.6.2012), Brüssel, Stand 1.3.2013, (http://static.euractiv.com/sites/all/euractiv/files/EED .en12.doc).

RL (2004/8/EG): Amtsblatt der Europäischen Union: Richtlinie 2004/8/EG des Europäischen Parlaments und des Rates vom 11. Februar 2004 über die Förderung einer am Nutzwärmebcdarf orientierten Kraft-Wärme-Kopplung im Energiebinnenmarkt und zur Änderung der Richtlinie 92/42/EWG, Brüssel, Stand 1.1.2013, (http://eur-lex.europa.eu/LexUriServ/ LexUriServ.do?uri=OJ:L:2004:052:0050:0050:DE:PDF).

RL (2006/32/EG): Amtsblatt der Europäischen Union: Richtlinie 2006/32/EG des Europäischen Parlaments und des Rates vom 5. April 2006 über Endenergieeffizienz und Energiedienstleistungen und zur Aufhebung der Richtlinie 93/76/ EWG des Rates, Brüssel, Stand 1.2.2013, (http://eur-lex.europa.eu/LexUriServ/LexUriServ.do?uri=OJ:L:2006:114: 0064:0064:DE: PDF).

RL (2012/27/EU): Amtsblatt der Europäischen Union: Richtlinie 2012/27/EU des Europäischen Parlaments und des Rates vom 25. Oktober 2012 zur Energieeffizienz, zur Änderung der Richtlinien 2009/125/EG und 2010/30/EU und zur Aufhebung der Richtlinien 2004/8/EG und 2006/32/EG. Brüssel, Stand 1.3.2013, (http://eur-lex.europa.eu/LexUriServ/LexUriServ.do ?uri=OJ:L:2012:315:0001:0056:DE:PDF).

SEC (2011) 277: Commission Staff Working Paper: Impact Assessment accompanying document to the Communication from the Commission to the European Parliament, the Council, the European Economic and Social Committee and the Committee of the Regions Commission Staff Working Document. Energy Efficiency Plan 2011, Brüssel, Stand 12.2.2013, (http://eur-lex.europa.eu/LexUriServ/LexUriServ.do?uri=SEC:2011:0277:FIN:EN:PDF).

SEK (2011) 280: Arbeitsdokument der Kommissionsdienststellen: Zusammenfassung der Folgenabschätzung und Ex-Ante-Bewertung. Begleitdokument zur Mitteilung der Kommission an das Europäische Parlament, den Rat, den Europäischen Wirtschafts- und Sozialausschuss und den Ausschuss der Regionen. Europäischer Energieeffizienzplan 2011, Brüssel, Stand 11.2.2013, (http://eur-lex.europa.eu/LexUriServ/LexUriServ.do?uri=SEC:2011 :0280:FIN:DE:PDF).

SEC (2011a) 779: Commission Staff Working Paper: Impact Assessment accompanying the document Directive of the European Parliament and of the Council on energy efficiency and amending and subsequently repealing Directives 2004/8/EC and 2006/32/EC, Brüssel, Stand 1.2.2013, (http://ec.europa.eu/energy/efficiency/eed/doc/2011_directive/sec_2011_0779_ impact_assessment.pdf).

SEC (2011b) 779: Commission Staff Working Paper: Annexes to the Impact Assessment accompanying the document Directive of the European Parliament and of the Council on energy efficiency and amending and subsequently repealing Directives 2004/8/EC and 2006/32/EC, Brüssel, Stand 1.2.2013, (http://ec.europa.eu/energy/efficiency/eed/doc/2011_directive/sec_ 2011_0779_ia_annexes.pdf).

SEC (2011) 780: Commission Staff Working Paper: Executive Summary of the Impact Assessment accompanying the document Directive of the European Parliament and of the Council on energy efficiency and amending and subsequently repealing Directives 2004/8/EC and 2006/32/EC, Brüssel, Stand 8.2.2013, (http://eur-lex.europa.eu/LexUriServ/LexUriServ .do?uri=SEC:2011:0780:FIN:EN:PDF).

III. Internetquellen

BDEW/BDI/DIHK (2012): Verhandlungen über eine neue Energieeffizienz-Richtlinie zwischen dem Europäischen Parlament, dem Rat und der Europäischen Kommission. Empfehlungen der deutschen Wirtschaft, Berlin, Stand 1.2.2013, (http://de.sitestat.com/hk/dihk/s?presse.meldungen.2012-05-25-verbaende-energieeffizienz. eu-energieeffizienz-rl&ns_type=pdf&ns_url=http://www.dihk.de/ressourcen/ downloads/eu-energieeffizienz-rl/at_download/file?mdate=1337949402834).

BDEW (2011): Stellungnahme zum Vorschlag der Europäischen Kommission für eine Richtlinie des Europäischen Parlaments und des Rates zur Energieeffizienz und zur Aufhebung der Richtlinien 2004/8/EG und 2006/32/EG, Stand 23.8.2011, (http://www.bdew.de/internet.nsf/id/87F759B92CB7CE4FC12578F500419D12/$file/110823_Stellungnahme%20zum%20Entwurf%20der%20Energieeffizienz%20Richtlinie_final.pdf).

BDI (2011): Stellungnahme: EU-Richtlinienvorschlag zur Energieeffizienz, Stand Dezember 2011, (http://www.bdi.eu/download_content/EnergieUndRohstoffe/Stellungnahme_ Richtlinienvorschlag_ Energieeffizienz.pdf).

BID (2012a): Der Berliner Informationsdienst: ITRE-Rapporteur Turmes stellt Kompromissentwurf vor, Stand 2.3.2012, (http://www.polisphere.eu/bid/itre-rapporteur-turmes-stellt-kompromissentwurf-vor/).

BID (2012b): Der Berliner Informationsdienst: Verhandlungen zur EU-Energieeffizienzrichtlinie nehmen Fahrt auf, Stand 15.5.2012, (http://www.polisphere.eu/bid/ verhandlungen-zur-eu-energieeffizienzrichtlinie-nehmen-fahrt-auf/).

BlogActiv (2012): Council must rethink its position on the Energy Efficiency Directive, Stand 7.5.2012, (http://efficiency1st.blogactiv.eu/2012/05/07/council-must-rethink-its-position-on-the-energy-efficiency-directive/).

BMWi (2011): Pressemitteilung des Bundesministeriums für Wirtschaft und Technologie: Bundesminister Rösler zur Energieeffizienzrichtlinie, Stand 26.6.2011, (http://www.pressebox.de/pressemitteilung/bundesministerium-fuer-wirtschaft-und-

technologie-bmwi/Bundesminister-Roesler-zur-
Energieeffizienzrichtlinie/boxid/431647).

BUND (2012): Pressemitteilung: EU-Energieeffizienzrichtlinie kommt. Deutschland hat sie verwässert, Stand 15.6.2012, (http://www.bund.net/nc/presse/pressemitteilungen/detail/artikel /eu-energieeffizienzrichtlinie-kommt-deutschland-hat-sie-verwaessert).

Cowart, Richard/Gottstein, Meg (2011): „Energieeinsparverpflichtungen" neu denken, neu gestalten. Was sind Energieeinsparverpflichtungen? Welche Rolle könnten sie in Europa und in Deutschland spielen? Was lässt sich aus internationalen Erfahrungen lernen? (=Regulatory Assistance Project Presentation), Berlin, Stand 1.3.2013, (http://www.raponline.org/document /download/id/4746).

Danish Energy Agency (2012): Factsheet: Saving obligations scheme for utility companies for electricity, natural gas, district heating and oil, Stand 1.3.2013, (http://eu2012.dk/en/NewsList/Maj/Uge-21/~/media/Files/Nyheder/EED/Fact%20sheet%20-%20utility%20companies.pdf).

Danish Energy Association (2012): Why Obligations Schemes are the solution for European Member States during the Financial Crisis. Experiences from Denmark where energy efficiency obligations have been used as an innovative way to mobilize funds for investments in energy efficiency outside state budgets, Kopenhagen, Stand 1.1.2013, (http://www.danskenergi.dk/AndreSider/EU.aspx).

Danish Presidency (2012a): Europe at work. The results of the Danish Presidency of the Council of the European Union in the first half of 2012, Stand 1.2.2013, (http://eu2012.dk/de/NewsList/Juni/Uge-26/~/media/702749D703AB4F1790A 110951A22E8FE.pdf).

Danish Presidency (2012b): An agreement that improves the climate and leads to employment in the EU, Stand 14.6.2012, (http://eu2012.dk/de/NewsList/Juni/Uge-24/EED-COREPER).

Danish Presidency (2012c): Auf dem Weg zu einem grüneren Europa, Stand 14.6.2012, (http://eu2012.dk/de/NewsList/Juni/Uge-24/energy-friday).

Danish Presidency (2012d): Energy Efficiency Directive – Fact sheet, Stand 2.5.2012, (http://eu2012.dk/en/NewsList/Maj/Uge-

21/~/media/Files/Trykt%20materiale/EED/Fact%20sheet%20Energy%20Efficienc
y%20Directive%202%20May%202012.pdf).

Dena 2012: Steigerung der Energieeffizienz mit Hilfe von Energieeffizienz - Verpflichtungssystemen, Stand 1.3.2013,
(http://www.dena.de/fileadmin/user_upload/Presse/ stu-
dien_umfragen/Energieeffizienz-Verpflichtungssysteme/Studie_Energieeffizienz-
Verpflichtungssysteme_EnEffVSys.pdf).

DENEFF (2012a): Lösungsvorschlag zur Umsetzung eines marktorientierten Ener-
gieeffizienz- Anreizsystems in Deutschland (= Studie der Berliner Energieberatungsagentur „The CO-Firm" im Auftrag der Deutschen Unternehmensinitiative
Energieeffizienz e.V.), Berlin, Stand 1.2.2013,
(http://www.deneff.org/cms/index.php/politik.html?file=tl_files/Infomaterial/
Energieeffizienz- Politik/20120912%20Vorschlag%20EEA-
System_Handbuch.pdf).

DENEFF (2012b): Stellungnahme der Deutschen Unternehmensinitiative Energieeffizienz e.V. (DENEFF) zum Vorschlag der Europäischen Kommission für eine
Richtlinie des europäischen Parlaments und des Rates zur Energieeffizienz und zur
Aufhebung der Richtlinien 2004/8/EG und 2006/32/EG vom 22.06.2011, Berlin,
Stand 1.3.2013,
(www.deneff.org/cms/index.php/politik.html?file=tl_files/Infomaterial/Energieeffiz
ienz-
Poli-
tik/20120221%20DENEFF%20Stellungnahme%20Effizienzrichtlinie%20ueberarb
eitet. pdf).

DENEFF (2012c): Offener Brief an die Bundesregierung: Ohne eine europaweite
Energieeffizienzpolitik ist die Energiewende in Gefahr, Stand 7.5.2012,
(http://germanwatch.org /de/download/3859.pdf).

dradio (2011): Deutschlandradio: Auf der Suche nach der richtigen Mischung. Po-
lens Energie- und Klimapolitik, Stand 1.7.2011,
(http://www.dradio.de/dlf/sendungen/europaheute/ 1495039/).

DNR (2011): Entwurf für EU-Energieeffizienzrichtlinie ohne verbindliche Effizienzziele, Stand 12.5.2011, (http://www.eu-

koordination.de/component/content/article/851-entwurf-fuer-eu-energieeffizienzrichtlinie-ohne-verbindliche-effizienzziele).

DNR (2012a): Endspurt zur EU-Energieeffizienzrichtlinie, Stand 14.6.2012, (http://www.eu-koordination.de/component/content/article/1538-eu-energieeffizienzrichtlinie-endspurt).

DNR (2012b): Factsheet: Richtlinie zur Energieeffizienz, Stand 13.8.2012, (http://www.eu-koordination.de/PDF/2011-energieeffizienzrichtlinie.pdf).

EEB (2011a): European Environmental Bureau: EEB's assessment of the environmental results of the Polish presidency of the EU. July to December 2011, Stand Dezember 2011, (http://www.eeb.org/EEB/?LinkServID=C5BF35B1-5056-B741-DBDF0ED35074BB64).

EEB (2011b): EEB Initial Views on the Proposed Directive on Energy Efficiency, Stand Mai 2011, (www.eeb.org/?LinkServID=AC53883C-AD12-9696-4080FDA54BA32BAD&show Meta=0&aa).

EEB (2012): European Environmental Bureau: The EEB's assessment of the environmental dimension of the Danish presidency of the European Union January to June 2012, Stand Dezember 2012, (http://www.eeb.org/?LinkServID=CE87272E-5056-B741-DB50EA4D5D310883&showMeta=0&aa).

eceee (2011): The European Council for an Energy Efficient Economy (eceee): European Commission and eceee joint seminar on Energy Efficiency Obligations – Summary, Brüssel, Stand 1.1.2013, (http://www.eceee.org/eceee_events/energy-efficiency-obligations/workshop-summary).

EurActiv (2011): Energy firms face new efficiency regime, Stand 11.5.2011, (http://www.euractiv.com/energy-efficiency/energy-firms-face-new-efficiency-news-504711).

EurActiv (2012a): Kritik an verbindlichen EU-Vorgaben. Energieeffizienz-Debatte in Rat und Parlament, Stand 14.2.2012, (http://www.euractiv.de/energie-und-klimaschutz/artikel/ energieeffizienz-debatte-in-rat-und-parlament-005969).

EurActiv (2012b): Parliament watches as ministers debate EU energy savings bill, Stand 14.2.2012, (http://www.euractiv.com/energy-efficiency/parliament-watches-ministers-deb-news-510762).

EurActiv (2012c): Verhandlungsstart mit dem Rat offen. Abstimmung im EU-Parlament zur Energieeffizienz, Stand 27.2.2012, (http://www.euractiv.de/energie-und-klimaschutz/artikel/ abstimmung-im-eu-parlament-zur-energieeffizienz-006025).

EurActiv (2012d): MEPs give green light to negotiate energy efficiency bill, Stand 28.2.2012, (http://www.euractiv.com/energy-efficiency/meps-give-green-light-negotiate-news-511158).

EurActiv (2012e): France 'saved' the energy efficiency directive, Stand 13.6.2012, (http://www.euractiv.com/de/node/513263).

EurActiv (2012f): EU countries strike deal on energy efficiency law, Stand 14.6.2012, (http://www.euractiv.com/energy-efficiency/member-states-strike-deal-eu-ene-news-513301).

EurActiv (2012g): Spielräume für Mitgliedsstaaten. EU-Parlament verabschiedet Energieeffizienz-Richtlinie, Stand 11.9.2012, (http://www.euractiv.de/energie-und-klimaschutz/artikel/eu-parlament-verabschiedet-energieeffizienz-richtlinie-006710).

Europadigital (2010): Der Trilog - das andere Schlichtungsverfahren, Köln, Stand 1.2.2013, (http://www.europa-digital.de/dschungelbuch/gesetzgebung/Trilog_das_andere Streitschlichtungsver-fahren _EU.shtml).

eurosolar (2009): Würdigung Claude Turmes. Sonderpreis für persönliches Enga-gement, Stand 1.1.2013, (http://www.eurosolar.de/de/index.php?option=com_content&task=view &id=1246&Itemid=330).

Frauenhofer ISI (2012): Gemeinsame Stellungnahme des Fraunhofer Institut für System - und Innovationsforschung (Fraunhofer ISI), Öko - Institut e.V. und Ecofys Germany GmbH: Handelsblatt - Beitrag gibt Ergebnisse des Gutachtens zur

Bewertung von Einsparquotensystemen teilweise falsch und einseitig wider, Stand 25.4.2012, (http://www.oeko.de/oekodoc/1461/ 2012-042-de.pdf).

Handelsblatt (2012): Gutachten liegt vor. Energieeinsparziele bringen wenig, Stand 24.4.2012, (http://www.handelsblatt.com/technologie/energie-umwelt/energie-technik/gutachten-liegt-vor-energieeinsparziele-bringen-wenig/6551382.html).

International Energy Agency (2011): World Energy Outlook, Paris, Stand 11.11.2012, (http://www.worldenergyoutlook. org/docs/weo2011/es_german.pdf).

ITRE (2012): Industrie, Forschung und Energie. Dossier Energy Efficiency Directive, Stand 1.3.2012, (http://www.europarl.europa.eu/committees/de/ITRE/subject-files.html?id= 20111024CDT30119).

Leprich, Uwe/ Schweiger, Anton (2007): Energieeffizienz und Weiße Zertifikate. Kurzstudie, Saarbrücken, Stand 1.12.2012, (http://www.bmu.de/fileadmin/bmu-import/files/pdfs/ allgemein/application/pdf/weisse_zertifikate.pdf).

Nill, Jan (2002): Wann benötigt Umwelt(innovations)politik politische Zeitfenster? Zur Fruchtbarkeit und Anwendbarkeit von Kingdons „policy-window"-Konzept (= Diskussionspapier des IÖW 54/02), Berlin, Stand 1.1.2013, (http://www.ioew.de/uploads/tx_ukioewdb/DP5402.pdf).

Renewable (2012): Hollande Victory Signals Shift in France's Renewable Energy Policy, Stand 8.5.2012, (http://www.renewableenergyworld.com/rea/news/article/2012/05/hollande-victory-signals-shift-in-frances-renewable-energy-policy).

The Coalition for Energy Saving (2011): More ambition required to meet the 20% savings target. Position on the Commission proposal for an Energy Efficiency Directive COM(2011) 370, Stand 1.2.2013, (http://energycoalition.eu/sites/default/files/EED%20Position%20-%20Coalition%20for%20Energy%20Savings%20Oct%202011.pdf).

The Coalition for Energy Savings (2012a): European Commission, Stand 1.1.2013, (http://energycoalition.eu/node/106).

The Coalition for Energy Savings (2012b): European Parliament - ITRE committee vote (28.02), Stand 1.1.2013, (http://energycoalition.eu/node/107).

The Coalition for Energy Savings (2012c): Energy Efficiency Directive Impact of Council provisional position (4/4/12) on the energy savings potential of Article 6, Stand 1.2.2013, (http://energycoalition.eu/sites/default/files/EED%20Art6%20potentials_0.pdf).

The Coalition for Energy Savings (2012d): Member States - Provisional Council position (1 June 2012). Stand 2.2.2012, (http://energycoalition.eu/node/108).

The Coalition for Energy Savings (2012e): Deal between Parliament, Council and Commission negotiators (14 June 2012), Stand 3.3.2012, (http://energycoalition.eu/deal).

The Guardian (2011): Hopes of 30% cut in greenhouse emissions dashed. EU energy chief fears target would lead to a too-fast process of de-industrialisation as compared to current 20%, Stand 10.2.2011, (http://www.guardian.co.uk/environment/2011/feb/10/hopes-greenhouse-emissions-cuts-dashed?INTCMP=SRCH).

The Guardian (2012a): Leaked documents reveal UK fight to dilute EU green energy targets. Allegations of coalition hypocrisy over green issues as critics say documents show UK has caved in to fossil fuel lobbyists, Stand 3.6.2012, (http://www.guardian.co.uk/environment/ 2012/jun/03/coalition-dilute-eu-green-energy-targets).

The Guardian (2012b): UK government waters down EU energy efficiency deal. Green campaigners angered by UK's opposition to a binding target in the Energy Efficiency Directive, Stand 14.6.2012, (http://www.guardian.co.uk/environment/2012/jun/14/uk-government-eu-energy-efficiency).

The Guardian (2012c): Response of big six energy suppliers to EU directive. Reactions to the directive, obtained by Greenpeace under the Freedom of Information Act, Stand 3.6.2012, (http://www.guardian.co.uk/business/interactive/2012/jun/03/energy-suppliers-eu-directive).

UBA 2012: Umweltbundesamt. Daten zur Umwelt, Stand 1.1.2013, (http://www.umweltbundesamt-daten-zur-umwelt.de/umweltdaten/public/theme.do?nodeIdent =3607).

UFE (2011): Energy Efficiency Directive. Position of the French electricity industry, Stand 6.11.2011, (http://www.ufe-electricite.fr/IMG/pdf/10._directive_efficacite_energetique_ position_ufe_-_final_ang.pdf).

VKU (2012): Pressemitteilung EU-Energieeffizienzrichtlinie. Verpflichtungssysteme sind nicht der richtige Weg, Stand 11.9.2012., (http://www.vku.de/fileadmin/get/?21786/ PM_83_2012_EED_120911.pdf).

WWF (2011): Hintergrundpapier zum Entwurf der europäischen Energieeffizienz – Richtlinie, Stand 1.3.2013, (http://www.wwf.de/fileadmin/fm-wwf/Publikationen-PDF/2011_10_14_EU_Effizienz-Richtlinie_Hintergrundpapier_final.pdf).

Glossar[1]

CO2-Emissionen

Kohlendioxid (CO2) ist das bei weitem bedeutendste Treibhausgas. CO2-Emissionen entstehen vor allem bei der Verbrennung fossiler Brennstoffe in Anlagen und Motoren, z.B. im Verkehr, beim Heizen, der Stromerzeugung und in der Industrie.

Early Action

Bereits in der Vergangenheit durchgeführte klimapolitische bzw. energiesparende Maßnahmen.

Endenergie

Ist die dem Endverbraucher nach Umwandlungs- und Transportvorgängen zur Verfügung stehende Energie (z.B. Strom aus der Steckdose, Benzin im Tank).

Energieproduktivität

Gibt das Verhältnis von Bruttoinlandsprodukt und Primärenergieverbrauch wieder. Die Energieproduktivität ist ein Maß dafür, wie viel Euro wirtschaftlicher Leistung pro Einheit Primärenergie erzeugt wird.

Energieintensität

Die Energieintensität einer Volkswirtschaft – also der Kehrwert der Energieproduktivität - beschreibt deren effizienten Umgang mit Energie. Damit gibt sie einen Hinweis darauf, ob das Bruttoinlandsprodukt mit einem gleich bleibenden oder sinkenden Einsatz von Primärenergie erzielt wird.

Primärenergie

Die zur Deckung des Energiebedarfs zur Verfügung stehende Energie aus im Wesentlichen natürlichen Energieträgern wie Stein- und Braunkohle, Erdöl, Erdgas, Uran und erneuerbaren Energiequellen. Diese Energieträger werden im Regelfall in

---

[1] (vgl. dena 2012 und UBA 2012).

Energieformen wie Strom, Wärme, Brennstoffe oder Kraftstoffe umgewandelt und von den Verbrauchern als Endenergie genutzt.

Technisches Energieeffizienzpotenzial

Unter dem technischen Potenzial versteht man den Teil der Energieeffizienzsteigerungen, die nach dem aktuellen Stand der Technik und (je nach Betrachtungszeitraum) vorhersehbaren technischen Entwicklungen gegenüber den in Nutzung befindlichen Anwendungen erreichbar wären.

Tonne(n) Rohöleinheiten (t RÖE)

Ist eine normierte Maßeinheit der Energie, die vereinbarungsgemäß etwa der Energiemenge entspricht, die aus einer Tonne Rohöl gewonnen werden kann. t RÖE ist eine standardisierte Maßeinheit, der ein Nettoheizwert von 41 868 Kilojoule/kg zugeordnet wurde und die zum Vergleich des Energiegehalts unterschiedlicher Energieträger verwendet werden kann.

Wirtschaftliches Energieeffizienzpotenzial

Unter dem wirtschaftlichen Potenzial versteht sich der Anteil des technischen Potenzials, der unter Einbeziehung definierter ökonomischer Rahmenbedingungen (Zinssatz, Rückflusszeit, usw.) und der Lebensdauer einer Technologie gegenüber den in Nutzung befindlichen Anwendungen wirtschaftliche Vorteile aufweist.

Anhang

Anhang 1: Ausgestaltungsmerkmale europäischer Einsparquotensysteme im Vergleich

	GB[1]	Italien	Frankreich	Dänemark
Bezugs-größe des Ziels	CO_2	Primärenergie	Endenergie (eigens def. Einheit ThW cumac)	Endenergie
Höhe des Einspar-ziels	185 Mio. Tonnen CO_2	6 Mio. t RÖE (2012)	2011-2013: insg. 345 ThW cumac	1,5 ThW
Differen-zierung	nur Haus-haltssektor (40% in einkommens-schwachen Haushalten)	keine	keine, aber keine Vermischung mit EU-ETS erlaubt	Keine, Ver-kehrssektor aus-geschossen,
Ver-pflichtete Akteure	Gas-und Strom-versorger mit mind. 50000 Kunden (6 Un-ternehmen)	Strom- und Gas-netzbetreiber mit mind. 50000 Kunde (Strom rund 10, Gas rund 20 Netzbetreiber)	alle Endenergiever-sorger (rund 2,500) mit Mindestabsatz überschreiten (400 GWh/a für Strom, Erdgas, Fernwärme und 100 KWh/a für Brenn-oder Kraftstof-fe	Strom-und Gas-netzbetreiber, Betreiber von Fernwärmenet-zen, Öl-Lieferanten (ca. 240)
Auftei-lung des Ziels	Nach Kunden-anteil im Haus-haltssektor	Relation zur Kundenzahl	zwischen Endenergie-trägern aufgeteilt und anschließend nach Marktanteil	Ziele sektorspe-zifisch festge-legt nach Markt-anteil, individu-ell für Fernwär-me
Zulässige Maß-nahmen	nur standardi-siert (Gebäude-sektor, Energie-sparlampen)	alle auf Nachfra-geseite (Energie-sparlampen)	alle: 96 % Standard-maßnahmen (Gebäu-de: Heizungsaus-tausch)	alle Endener-giemaßnahmen (außer Verkehr), Informations-pflicht

---

[1] Im Großbritannien existieren zwei Einsparsystem: das Carbon Emission Reduction Target (CERT) und das kommunale Community Energy Saving Programme (CESP). Im Rahmen des Ende 2012 beschlossenen „Green Deal" wird das CERT in eine neue Energy Company Obligati-on (ECO) transformiert, mit einer deutlich geringeren Einsparhöhe für die verpflichteten Akteure (vgl. RAP 2012: 27-64). In der Tabelle wurde sich aus Übersichtsgründen ausschließlich auf das CERT-Programm bezogen.

Anrechnung	einmalig für gesamte Lebensdauer, bei innovativen Maßnahmen Wichtungsfaktor 1,5	jährlich über Lebensdauer des Zertifikats (Gebäude 8 Jahre, KWK 10 Jahre, andere 5)	einmalig für gesamte Lebensdauer (im ersten Jahr)	jährlich, keine Unterscheidung nach Lebensdauern, Gewichtungsfaktoren sollen eingeführt werden
Handel	Bilateral, Übertragung möglich, kein Buy-Out	auch nicht-verpflichtete Unternehmen, Übertragung erlaubt, kein Buy-Out	nur außerbörslichen, Buy-out (2ct pro fehlender kWh), Übertragung möglich, Energiedienstleister ausgeschlossen	Kein Handel, Kooperation mit anderen Akteuren(Aufträge) möglich
Kosten in Euro (wenn angegeben)	administrativ: 529.000 pro Jahr zw. 2008-2012, zw. 2005-2008: Akteure: direkt: rund 1,1 Mio. und indirekt 195 Mio., Kunden 325 Mio.	k.a.	2006-2009: administrativ: 1,3 Mio., Akteure: direkt 74 und indirekt 136 Mio., Kunden 504 Mio.	administrativ: 90000

Quelle: Eigene Darstellung nach Schlomann (2012), RAP (2012) und Staniaszek/ Lees (2012).

Anhang 2: Kostenvergleich von Instrumenten zur Energieeffizienzsteigerung in Dänemark

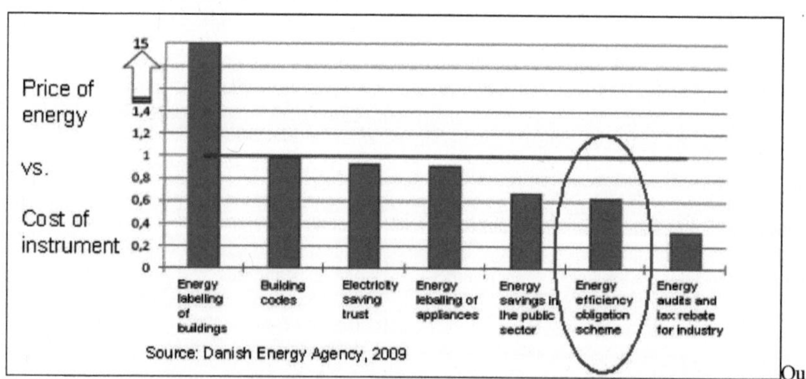

Quelle: Danish Energy Association (2012): Why Obligations Schemes are the solution for European Member States during the Financial Crisis. Experiences from Denmark where energy efficiency obligations have been used as an innovative way to mobilize funds for investments in energy efficiency outside state budgets, Kopenhagen, (http://www.danskenergi.dk/AndreSider/EU.aspx), S. 4.

Anhang 3: Interviewübersicht und Fragebogen

Interview mit Hartmut Kämper, Geschäftsbereich Energieeffizienz des Bundesverband Energie- und Wasserwirtschaft e.V. (BDEW), am 7. März 2013.

Interview mit Dr Eoin W. Lees, Independent Consultant for Energy Policy, 14th March 2013.

Interview mit Dr. Karsten Neuhoff, Abteilungsleiter Klimapolitik am Deutsche Institut für Wirtschaftsforschung (DIW), 20. März 2013.

Interview mit Stefan Scheuer, Unabhängiger Berater für europäische Energie- und Umweltpolitik, am 14. März 2013.

Interview mit Jesse Scott, Eurelectric (Branchenverband der europäischen Elektrizitätswirtschaft) – Abteilungsleiterin Environment & Sustainable Development, 20th March 2013.

Interview mit Christian Noll, Geschäftsführender Vorstand der „Deutschen Unternehmensinitiative Energieeffizienz e.V." (DENEFF), am 18. März 2013.

Interview mit Anonymus, DG ENER – Referat für Energieeffizienz, am 22. März 2013.

Interviewleitfaden

1. Einleitung

1.1.   Bitte stellen Sie sich kurz vor und führen bitte kurz aus, in welcher Beziehung Sie zu der Erarbeitung der Europäischen Energieeffizienzrichtlinie stehen.

2. Fragen zur Europäischen Energieeffizienzpolitik

2.1.   Worin liegen ihrer Meinung nach die Ursachen dafür, dass die vorhandenen Energieeffizienzpotentiale in der EU nicht genügend ausgeschöpft werden?

3. Fragen zur Umsetzung eines Energieeinsparverpflichtungssystems

3.1.   Wie beurteilen Sie grundsätzlich die Wirkungs- und Funktionsweise von Energieeinsparverpflichtungssystemen?

3.2.   Halten Sie dieses Umweltinstrument für geeignet, um den Zielkorridor europäischer Energiepolitik sinnvoll zu adressieren?

3.3.   Wie erklären Sie sich die polarisierende Debatte um die Einführung solcher Systeme?

3.4.   Welche Faktoren haben ihrer Meinung nach die Einführung von Verpflichtungssystemen auf die politische Agenda gebracht bzw. diese begünstigt?

3.5.   Welche Rolle hat ihrer Meinung nach das Joint Research Center um Paolo Bertoldi dabei gespielt?

3.6.   Warum verfasste die DG ENER einen Richtlinienvorschlag, der von vornerein nicht zur vollständigen Schließung der Einsparlücke ausgereicht hat?

4. Fragen zum Verhandlungsprozess

4.1. Welche Bedingungen haben ihrer Ansicht nach dazu geführt, dass die Mehrheit des Europäischen Rats eine Sperrminorität gegenüber dem Richtlinienvorschlag der Kommission eingenommen hat?

4.2. Welcher Akteure sind bei der Blockade besonders in Erscheinung getreten und warum?

4.3. Welche externen Ereignisse bzw. Änderungen der Handlungspräferenz einzelner Akteure waren ihrer Meinung dafür verantwortlich, dass am Ende trotzdem ein gemeinsamer Kompromiss gefunden wurden ist?

4.4. Wie beurteilen Sie insgesamt die Rolle der Kommission im Politikprozess der Richtlinie, besonders in puncto Agenda-Setting, Politikformulierung und Entscheidungsfindung?

4.5. Wie beurteilen Sie die Arbeit von Claude Turmes als Berichterstatter und Verhandlungsführer des EP?

4.6. Wie bewerten Sie das finale Politikergebnis der Energieeffizienzrichtlinie und worin liegen ihrer Meinung nach die Ursachen dafür?

***ibidem*-Verlag**
Melchiorstr. 15
D-70439 Stuttgart
info@ibidem-verlag.de

www.ibidem-verlag.de
www.ibidem.eu
www.edition-noema.de
www.autorenbetreuung.de